LETTRES

SUR

PARIS.

Se trouve à PARIS,

Chez TREUTTEL et WÜRTZ, Libraires, rue de Lille, n° 703, derrière les Théatins;

Et à STRASBOURG, même Maison de Commerce.

LETTRES

SUR

PARIS,

OU

CORRESPONDANCE de M. ***, dans les
années 1806 et 1807.

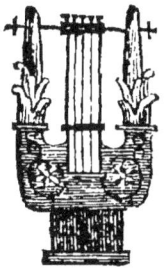

A HEIDELBERG,

Chez MOHR et ZIMMER, Libraires;
Et à Paris, chez les Marchands de Nouveautés.

1809.

LETTRES SUR PARIS.

LETTRE PREMIÈRE.

Paris, ce 13 mars 1806.

Vous m'avez témoigné, cher ami, lors de mon passage à Strasbourg, un tel desir de recevoir de mes nouvelles, que je ne puis m'empêcher de satisfaire votre attente. Mais malgré qu'en bon provincial votre curiosité vous porte plutôt à desirer d'apprendre des nouvelles de votre chère capitale que des miennes, je m'en vais cependant, pour mettre votre patience un peu à l'épreuve, commencer par vous faire la narration des évènemens que j'ai essuyés en route.

Je vous quittai à midi sonnant, et fus m'embarquer, avec mon domestique, dans la diligence de Paris. La société, qui s'y trouvait en cage avec moi, était composée de trois générations, savoir : d'une veuve d'un ancien ingénieur du roi, de sa fille, femme d'un capitaine d'infanterie encore à l'armée (qui, d'après le rapport de ces dames, était d'un caractère vif, mais franc et loyal, ayant la jambe et la main fort bien faites), et de ses deux enfans encore en bas âge. Le chaperon de ces dames était un gentillâtre normand, qui, malgré vingt et quelques années de service et deux coups de feu, n'était pas parvenu plus loin dans le chemin de l'honneur, qu'au grade important de sous-lieutenant. Ce brave homme, d'un caractère doux et complaisant, nous aurait beaucoup amusé par quelques rixes assez originales qu'il eut avec une Parisienne qui se joignit à nous à Nancy, de même que par les contes qu'il nous faisait de madame sa chère mère, qui ne se mouche pas du pied; de sa chère tante, qui l'affectionnait beaucoup, et de son ami, M. le censeur du Lycée à Paris, s'il n'avait eu le malheur d'avoir du goût pour la poésie, au point de nous déclamer très-mal de très-bons vers, et de nous réciter, ce qu'il y avait de pis encore, un poëme de sa propre composition, en honneur et gloire d'un dîner, si je ne me trompe.

A peine étions-nous sortis de la banlieue de Strasbourg, que ces dames, pour charmer leurs ennuis, se partagèrent des gâteaux dont elles avaient fait provision, et dont l'effet prompt surpassa celui du meilleur émétique; tandis que les enfans nous régalèrent d'évacuations bénignes d'un genre différent, qui, sans un fort rhume de cerveau que j'avais pris la veille, m'auraient mis de très-mauvaise humeur.

On fut d'une traite jusqu'à Phalsbourg, forteresse du second rang, adossée contre les Vosges, où se forme maintenant le régiment de la Tour-d'Auvergne. Après le souper, on repartit de Phalsbourg, et on arriva sur les sept heures du matin dans une petite ville de la Lorraine, où on nous régala d'un café détestable. Nous dînâmes ce jour-là à Luneville, l'ancienne résidence du roi Stanislas de Pologne, et la garnison habituelle de deux régimens de Carabiniers français, où l'on remarque le château, qui est d'une architecture élégante. Vers le soir enfin, nous fûmes rendus à Nancy, où l'on coucha.

Nancy est une des plus jolies villes de France; toutes les rues y sont tirées au cordeau, et l'on y remarque avec plaisir la belle place Napoléon, en forme octogone, sur laquelle se trouvent l'Hôtel-de-Ville, la Préfecture, une charmante salle de spectacle et une très-belle porte, en forme d'arc triomphal, qui conduit à une jolie promenade, au bout de laquelle est situé le château que le malheureux

Stanislas Lesczinsky habitait alternativement avec celui de Luneville.

Le 9 du courant, on repartit à trois heures du matin de Nancy, on dîna à Vois, et on coucha à Bar-le-Duc, fameux par ses bonnes confitures aux groseilles sans pepins. Nous y soupâmes avec la société de la diligence qui revenait de Paris, composée de quelques officiers autrichiens, ainsi que d'une dame, soi-disante femme d'un avocat de Paris, qui allait, à ce qu'elle disait, en Allemagne avec ces messieurs, pour y rejoindre son mari et pour y plaider, à ce que je suppose, une cause dont le procès ne finit ordinairement qu'au bout de neuf mois, et dont le plaidoyer semblait être déjà fort avancé.

Le 10, on repartit à trois heures du matin de Bar, on dîna à Vitry, dont la position, sur une hauteur qui domine les environs, semble être très-jolie, et on arriva sur les sept heures du soir à Châlons, aux huées d'une trentaine de polissons qui, pour bien nous faire les honneurs de la ville, eurent l'attention d'accompagner la diligence jusqu'à l'hôtellerie où nous devions passer la nuit.

Le 11, on partit de même à trois heures du matin de Châlons, et on fut dîner à Epernay, où la crainte d'être confondu avec les Israélites, me fit chercher la boutique d'un artiste perruquier, dont la respectable et grasse moitié me fit la barbe. Après avoir été accablé ce jour-là par toutes les intempéries de la saison, on soupa à Château-Thierry, on déjeûna le 12, à six heures du matin, à Meaux, et on vint vers midi, transi de froid, à Pantin; des brioches, qui sortaient du four, et un verre d'huile de rose que nous y trouvâmes, nous remirent au point de continuer avec une meilleure contenance le reste de la route jusqu'aux barrières de Paris, où un des gardes douaniers, qui se plaça sur l'impériale de la diligence, augmenta la pompe de notre entrée triomphale. A une heure et demie enfin de l'après-midi, la diligence s'arrêta au bureau des messageries, rue Notre-Dame-des-Victoires, où, en mettant pied à terre, je fus de suite assailli par une foule d'êtres serviables, dont l'un voulait me chercher une voiture, l'autre m'indiquer un hôtel, et le troisième enfin se charger d'emporter mes malles, dans l'espoir que je ne les suivrais pas. Après avoir réglé mes comptes au bureau de la Messagerie, je m'embarquai avec sac et bagage dans un fiacre à une glace, un volet, un store et un marche-pied, qui me mena à l'hôtel du Petit-Espagne, rue de la Loi, ci-devant Richelieu, où je loge. Après une courte toilette et un long dîner, je fus le même soir encore chez notre ministre, pour me mettre sous sa sauve-garde.

LETTRE IIe.

Paris, ce 16 mars 1806.

De l'eau, de l'eau, habits et galons à vendre ou à acheter, sont, outre une infinité d'autres, les cris qu'on entend dans toutes les rues de Paris dès l'aube du jour jusqu'à la nuit tombante. Ces cris continus des porteurs d'eau, des petits marchands, des marchandes de légumes et de poissons, des colporteurs, etc., qui remplissent presque toutes les rues, les intonations de voix différentes et souvent bizarres qu'ils affectent, le roulement continuel des carrosses, fiacres, cabriolets et charrettes, font un effet bien singulier, qui étourdit tellement, qu'on a peine à s'y faire. Les rues tant soit peu passagères et toutes celles qui aboutissent à des marchés ou places publiques, sont toujours remplies de monde; on va, on vient, on se heurte, on se pousse, et on est éclaboussé par les carrosses et les cabriolets, auxquels souvent on ne peut échapper qu'en se tapissant contre une maison ; c'est un tableau mouvant qui n'a point de relâche, et qui ne fait que changer de figures et d'acteurs. Ce mouvement étonnant est une chose qui frappe tout étranger qui, en passant à pied par les rues de Paris, n'a guères le loisir de regarder beaucoup autour de soi, s'il ne veut risquer d'être écrasé par une voiture ou renversé par la foule. Nonobstant cela, et malgré que les rues de Paris ne sèchent presque jamais, on voit néanmoins les élégantes Parisiennes, en relevant un peu leurs robes, passer les rues à pied, toujours en bas de soie blancs et souliers mignons, sans s'éclabousser ; c'est sur la pointe des pieds qu'elles marchent, en sautillant avec une légèreté infinie d'une pierre à l'autre. Cette boue de Paris, fameuse jadis comme couleur à la mode, en porte bien la teinte, et est d'une couleur gris de fer; c'est une sorte de bitume qui, tout en cédant, se colle facilement à la semelle, ce qui sur-tout, pour les étrangers qui n'y sont point habitués, est cause que bien souvent ils se laissent tomber, malgré que le pavé de Paris soit un des meilleurs que je connaisse, étant bien entretenu et garni de pierres très-larges. Une chose qui manque essentiellement à cette ville, et qui, vu la quantité de carrosses, cabriolets, charrettes et chevaux qui passent continuellement par les rues étroites et passagères de Paris, serait d'une double nécessité pour garantir la sûreté des piétons, ce sont des trottoirs, tels que Londres en offre l'agrément. Mais nonobstant que les rues un peu fréquentées de cette ville ne désemplissent point, et malgré la rapidité avec laquelle les carrosses roulent tant de nuit que de jour, on n'entend cependant parler que rarement d'accidens; ce qui provient tant de la rigueur avec laquelle les cochers et voituriers sont punis, si par inadvertance ils avaient le malheur de rouer quelqu'un, que de l'adresse sur-tout avec laquelle les habitans de cette ville savent se tirer d'affaires dans les plus grandes cohues.

Les maisons, à Paris, sont en général presque toutes très-hautes et les rues étroites, ce qui, en empêchant la libre circulation de l'air, fait que, même au fort de l'été, il y a des rues qui ne sèchent jamais, tandis que d'un autre côté les grandes places et les promenades sont couvertes, dans la belle saison, d'une poussière insupportable, qu'on peut même à peine dompter par les soins que la police a de faire en été arroser ces places régulièrement deux fois par jour. Ces arrosoirs sont des tonneaux remplis d'eau, postés sur une charrette traînée par un cheval. Le tonneau a d'un côté un couvercle qu'on ouvre, et dont le fond intérieur est percé de petits trous par lesquels l'eau s'échappe en pluie.

Pendant toute la journée, mais cela sur-tout dans le courant de la matinée, les rues de Paris sont remplies par les porteurs d'eau avec leurs charrettes à tonneaux. Ces braves gens portent l'eau pour un prix modique dans toutes les maisons, n'y ayant que très-peu de maisons qui ont des puits. L'eau qu'on boit généralement dans tout Paris, n'est que de l'eau de la Seine, que les porteurs d'eau vont puiser dans la rivière même, ou chercher aux différentes fontaines qui se trouvent dispersées dans la ville et alimentées par les eaux de la Seine ; plusieurs de ces fontaines sont entretenues aux frais du gouvernement, tandis que d'autres sont l'objet d'entreprises particulières. Telles sont toutes celles qui dépendent de l'établissement de la Pompe à feu de Chaillot, où l'on ne peut puiser de l'eau qu'en payant une certaine rétribution annuelle. Les porteurs d'eau ont de petites charrettes trainées par un cheval, ou bien qu'ils traînent eux-mêmes, sur lesquelles sont placés leurs tonneaux d'eau, ainsi que deux grands sceaux; ces tonneaux sont pour la plupart peints en couleurs, et ont un air d'élégance et de propreté. Les porteurs d'eau sont en majeure partie d'honnêtes Savoyards, auxquels ce métier pénible assure une existence modique, mais sûre.

Depuis que j'ai vu représenter les *Deux Journées*, ou le comte Armand, j'ai voué en faveur de l'honnête Micquéli une certaine prédilection à cette classe de gens ; aussi les Savoyards ont-ils joui de tout tems d'une réputation de loyauté et d'honnêteté peu altérée ; il semble en général que ces deux qualités soient l'apanage particulier des montagnards, qui ont le rare talent de les conserver intactes au centre même de la corruption.

Avant-hier je fus à un dîner chez

le sénateur H......, qui est logé dans une jolie petite maison près des barrières. Le prince de B.... y dîna, et j'y fis la connaissance d'un convive intéressant, celle du sénateur Lacépède, grand-chancelier de la Légion d'honneur, dont les mérites pour l'histoire naturelle s'accordent avec la réputation dont il jouit. Le même soir, je fus à un grand bal que Mme la maréchale B.... donna. La société, qui était fort nombreuse, s'y réunit vers les dix heures du soir. Le salon principal était orné d'un cercle de jeunes et jolies femmes, toutes habillées avec ce goût et cette élégance qui n'appartient qu'aux Parisiennes. Le bal ne commença qu'à onze heures, après l'arrivée de l'Impératrice et de la princesse Stéphanie-Napoléon, future princesse électorale de Bade. Une musique délicieuse, dirigée par un mulâtre nommé Julien, invitait à la danse, qui commença bientôt à s'animer; on ne dansa presque que des contredanses, à l'exception de quelques walzes, qu'on danse très-bien à Paris, et de quelques anglaises, qui n'en portent cependant que le nom, puisque les figures en sont absolument changées, et qu'en général bien peu de Français connaissent le véritable pas anglais. Au reste, la danse de société est portée dans ce moment-ci, à Paris, au plus haut degré de perfection : c'est la réunion des grâces et du talent, qui souvent même rivalisent avec la perfection des artistes : néanmoins cette perfection même entrave le plaisir de la danse ; ce n'est plus un amusement social, mais c'est une affaire d'étude sérieuse pour les élégans des deux sexes ; et quiconque n'est parvenu à ce degré de perfection, va au bal, non pour danser, mais pour voir danser. A une heure après minuit on se mit à table pour souper, après quoi le bal dura encore jusques vers les quatre heures du matin.

L'hôtel de Mme B...... est un cadeau que l'Empereur fit à son mari ; il appartenait ci-devant au général Moreau, et vient tout nouvellement d'être meublé avec autant de richesse que de goût. Le goût de l'ameublement est porté dans ce moment-ci à Paris à une recherche et un luxe difficile à dépeindre. Les belles étoffes de Lyon reprennent de nouveau ; mais ces tentures, dont les dessins sont de la dernière élégance, ne sont plus de la durée de ces étoffes que fournissaient anciennement les manufactures de Lyon, et qui passaient de père en fils.

L'appartement d'une Parisienne élégante, riche et du bon ton, consiste dans une antichambre, un premier et un second salon, une chambre à coucher et un boudoir. Les tentures plissées ornées d'amples draperies, les rideaux en étoffes et en mousseline brodée des Indes, garnis de festons et de franges en or, en argent ou en soie ; le choix des couleurs les plus tendres et les plus délicates pour la chambre à coucher et le boudoir; la manière de ne les éclairer que par des vases d'albâtre, dont la douce clarté se répète à l'infini dans les glaces multipliées; la forme élégante des lits placés sur une estrade, et garnis de rideaux dont la coupe variée est toujours mariée au goût le plus achevé; les meubles en bois d'acajou et en bronze, les formes agréables des divans, des chaises, des tabourets, des consoles soutenues par des dragons et des figures égyptiennes en bronze antique ou en or moulu; les lustres, les candelabres, les pendules, les vases en marbre et porphyre, etc. etc. qui ornent tous les appartemens, ont porté l'ameublement actuel au comble du luxe. Joignez à cela un double appartement dans le même goût à peu près, pour monsieur, une salle à manger en stuc poli, imitant le marbre, une chère fine et délicate, une belle vaisselle et de belles porcelaines, et vous aurez une idée juste des grandes maisons de Paris.

Le nombre des grandes maisons à Paris n'est, pour le moment, pas très-considérable, et elles n'offrent plus, comme anciennement, l'agrément d'y venir quand on veut ; ce n'est plus qu'un grand banquet ou une fête qui en procure l'entrée, et cette franche hospitalité qui, jadis, régnait à Paris, n'est pas encore à l'ordre du jour. Le bouleversement total des fortunes, suite naturelle de la révolution, a enlevé à la majeure partie des habitans de cette ville les moyens nécessaires pour pouvoir y tenir maison ; et outre cela la retenue et la méfiance que les différentes crises de la révolution ont fait naître dans la société, font qu'on ne retrouve plus à Paris cet agrément social, cette prévenance hospitalière et cette facilité de voir le monde comme anciennement. Joignez à cela que le nombre des personnes riches qui se trouvent réunies dans la capitale n'est pas très-considérable, et qu'en outre plusieurs d'entre elles veulent attendre le moment d'une paix consolidée et durable avant que de jouir et de faire jouir les autres des dons que la fortune capricieuse s'est plue à leur prodiguer.

LETTRE IIIe.

Paris, ce 19 mars 1806.

Vous êtes et vous resterez, mon ami, toute votre vie un bon provincial, si vous ne venez faire un tour à Paris pour vous y dégourdir, et pour voir de vos propres yeux les choses sur lesquelles on s'amuse à vous faire des contes à dormir de bout. Vous croyez trouver quelque chose de particulier au genre de vie que l'on mène ici ; vous croyez que c'est une loi générale sous laquelle il faut nécessairement plier quand on est à Paris, de faire du jour la nuit et de la nuit le jour ; eh bien ! je puis vous assurer que vous vous trompez à cet égard, et que de tous les endroits que je connais, Paris est bien celui qui offre le plus de facilité de vivre de telle manière que l'on veut. Je sais très-bien qu'une infinité de personnes, en revenant de Paris, vous en feront acroire sur ce chapitre, et cela pour se donner des airs et pour vouloir en imposer, en trouvant qu'à Paris tout est différent qu'ailleurs ; mais gardez-vous de vous y laisser prendre, et croyez que le genre de vie dans ce pays-ci est le même que dans toute autre grande ville, et qu'à l'exception des bals, grandes sociétés, etc., qui, dans l'univers entier, durent fort avant dans la nuit, qu'en fréquentant les spectacles, et même en allant de-là passer encore quelques momens dans les salles de Frascati ou dans les jardins de Tivoli, vous pouvez, avant minuit, vous trouver commodément dans votre lit. Le train de vie ordinaire que l'on mène dans la capitale, est, pour les paresseux, comme partout ailleurs, celui de se lever tard, tandis que ceux qui ne sont point atteints de cette maladie, se lèvent de meilleure heure et soignent leurs affaires. Vers les onze heures on déjeûne à la fourchette, ou plutôt on fait un déjeûner assez solide pour pouvoir attendre l'heure du dîner, jusqu'auquel on continue à suivre ses occupations. A cinq heures et demie ou six heures du soir on dîne, et après dîner on fait trêve aux affaires, et on ne songe plus qu'à s'amuser et à passer agréablement son tems pendant le reste de la soirée; car, pour le souper, c'est un repas rayé dans presque toutes les maisons, excepté un jour de bal ou de grande fête, où l'on se met à table plutôt par convenance reçue que dans l'intention de souper.

Vous voyez donc, en analysant ce genre de vie, qu'au lieu de s'écarter de la route frayée, les Parisiens, sans s'en douter, sont revenus à la vie simple du vieux bon tems; car leurs déjeûners sont les dîners de nos pères, et leurs dîners sont les soupers de nos ancêtres.

Tel en est de tous les usages dans ce bas monde, qui ressemble assez à un bal de l'opéra, où l'on rencontre de ces masques d'emprunt qu'on retrouve et reconnaît chaque fois, à quelque petite nuance près.

Un autre article sur lequel on vous en impose de même en province, et cela d'une manière cruelle, c'est celui des modes; bonne spéculation à la vérité, qui relève le commerce et l'industrie nationale, mais qui fait trembler quand on en entend parler, soit en province ou dans l'étranger. D'après tous les journaux des modes qui inondent les provinces, on devrait croire que, pour ne pas paraître ridicule à Paris, il fallait pour le moins changer de costume et de mode presque chaque jour; tandis qu'il n'y a point d'endroit sur la terre où l'on voye un assemblage plus complet de tous les costumes qui ont existé depuis soixante-dix à quatre-vingts ans, sans qu'on y fasse la moindre attention, ou que cela paraisse le moins du monde ridicule. Chacun porte ce qu'il veut et suit la mode qui lui convient, et les femmes n'en sont pas au même point les esclaves comme dans les provinces ou dans l'étranger, où les journaux des modes dictent impérieusement la loi à cet égard; elles portent en général ce qui leur sied bien, et leur habillement a un air de propreté et de simplicité qui en relève l'élégance. Un talent que les Parisiennes possèdent dans la plus grande perfection, est celui de toujours parfaitement bien se chausser, et de ne jamais montrer qu'un bas bien blanc et un soulier bien propre; il est possible que les soins particuliers que les Parisiennes donnent à cette partie de leur habillement soient provoqués par l'apanage qui semble leur être réservé d'avoir en général le pied petit et bien fait. Un grand point de recherche dans ce moment-ci pour l'habillement des deux sexes, est d'avoir toujours le linge de corps bien fin et bien blanc, objet de luxe et de propreté auquel anciennement on faisait beaucoup moins d'attention en France, mais qui, de tout tems, se rencontrait en Angleterre. Pendant les horreurs de la révolution, et sur-tout pendant le systême désastreux de la terreur, les modes furent négligées, et le costume en vogue était celui qui se rapprochait le plus de la manière de s'habiller des sans-culottes; mais depuis tout cela s'est remonté et a changé de formes; l'élégance est actuellement à l'ordre du jour, et si même les étoffes ne sont plus si riches qu'anciennement, l'entretien de la garde-robe d'une femme élégante n'en est devenu que plus dispendieux, par tous ces accessoires très-coûteux de toilette, qui n'appartiennent point à la grande parure; tels ces déshabillés en dentelles, en tulle, en mousselines brodées des Indes; ces schâls turcs et persans en Cachemire, et puis tous ces colifichets charmans, mais d'un prix exhorbitant, que M. Leroi, premier marchand de modes de Paris, sanctionne comme les chef-d'œuvres du bon goût et de la dernière mode. Depuis quelque tems on voit aussi reparaître des étoffes riches et des broderies; l'Empereur, qui veut relever les anciennes manufactures et fabriques de Lyon, aime pour la cour ce costume, reconnu de tout tems comme habit de cour, ces robes de cour en velours brodé et en étoffes riches. Tous les uniformes, tant des officiers généraux que des hautes charges et des fonctionnaires civils, sont brodés, et même avec richesse; mais nonobstant que chaque emploi en France ait un uniforme attaché à son grade, on voit encore à Paris beaucoup de personnes, et même des militaires, lorsqu'ils ne sont point en fonctions, reparaître, soit à la cour ou en ville, en habit habillé, avec les dentelles et le nœud d'épée. Un objet de luxe qui, pendant le cours de la révolution, avait presqu'entièrement disparu, mais qui commence à reprendre maintenant, est celui des équipages et des livrées; cependant, jusqu'à ce moment-ci, le nombre des équipages de maître, et sur-tout des équipages élégans, n'est point considérable. Une raison de cela est d'abord la décadence de toutes les fortunes; car tel qui, avant la révolution, avait vingt ou trente chevaux dans ses écuries, est trop heureux présentement de se faire traîner par deux chevaux, et même souvent de n'avoir qu'un cabriolet à deux roues et à un cheval, avec lequel un homme, qui ne tient pas un rang ou une place éminente, ose se présenter partout, faire ses visites, et même aller à la cour. Un autre motif qui provoqua la diminution des équipages et des livrées, est l'impôt onéreux qui, pendant le cours de la révolution, a été mis, tant sur les chevaux et sur les carrosses que sur la domesticité, de même que le risque qu'on courait d'avoir son équipage mis en réquisition ; le manque de domestiques mâles qu'on éprouvait, et qu'on éprouve encore, par suite de la conscription militaire, qui met en réquisition sur-tout cet âge qui est le plus propre au service ; tout ceci réuni, fait que dans ce moment même ce genre de luxe se trouve encore dans son enfance, et ne pourra reprendre son éclat, que quand une paix solide et durable aura cicatrisé les plaies que la France et l'Europe entière ont reçues depuis quatorze ans ; que les fortunes et les propriétés seront une bonne fois consolidées, et que le système de la conscription militaire sera réduit purement à sa théorie.

Pour suppléer au manque d'équipages de maîtres, on trouve à Paris des carrosses de remise très-bien montés et qui rivalisent même avec tout équipage de maître, au point qu'on peut, sans se compromettre, donner au cocher sa livrée ; ce qui est le cas de presque tous les étrangers de quelque distinction qui séjournent à Paris, et qui veulent paraître d'une manière décente. On peut s'arranger avec ces cochers de remise de telle manière que l'on veut, et l'on peut avoir, ou pour toute l'année, ou par quartier, ou par mois, ou par semaine, ou même par jour, un équipage, soit à six, à quatre ou à deux chevaux, de même qu'un cabriolet à un cheval pour faire des courses dans le courant de la matinée. L'accord une fois fait, on est le maître absolu d'un tel équipage, dont on dispose comme on le juge convenable. Le prix courant d'un carrosse de remise, à deux chevaux, y compris le pour boire du cocher, est de vingt-une liv. par jour, en observant néanmoins que d'après cet accord, quoique l'équipage se trouve à votre disposition, il n'est question cependant que des courses qui, en franchissant les barrières de Paris, donnent au cocher la facilité d'y rentrer la nuit. Outre les carrosses de remise on trouve à Paris une quantité infinie de fiacres, dont le nom tire son origine d'une manière assez bizarre, d'un saint, nommé St.-Fiacre, ou la terreur des chevaux, dont l'image était, dit-on, l'enseigne d'une maison de la rue Saint-Antoine, où les premières voitures de place furent établies. Le nombre des fiacres répandus dans Paris se monte environ à trois mille, et celui des cabriolets à peu près à deux mille. Cet établissement offre un très-grand avantage, qui est la facilité qu'on éprouve de pouvoir, sans grands frais, se transporter d'un endroit à l'autre, et changer de carrosse quand on veut, par la raison qu'on trouve dans tous les quartiers de la ville des fiacres ou des cabriolets de place à toute heure du jour et de la nuit, dont le prix est fixé par ordonnance de la police à tant par course et à tant par heure, avec la différence cependant, que si on se sert d'un équipage pareil après minuit, il faut payer le double que de jour. Chaque fiacre et cabriolet est tenu d'avoir dans sa voiture un tarif des prix fixés par la police, moyennant lequel on ne peut jamais être surfait. Comme il y a souvent dans le nombre de ces fiacres, soit des fripons ou des gens malhonnêtes, la police les surveille avec attention, et quiconque a à se plaindre d'un tel cocher, le peut traduire sur-le-champ par devant le commissaire de police, où il est obligé de vous conduire. Cependant ces réglemens, qui constituent les prix fixes des fiacres et des cabriolets de place, ne font autorité que jusqu'aux barrières de Paris ; et si on veut les franchir, il dépend alors du cocher de faire un prix comme bon lui semble.

Dans le nombre de ces fiacres, qui, de même que les cabriolets, sont tous numérotés, on remarque souvent de très-jolis carrosses, ce qui provient encore des premiers tems de la révolution, où les carrosses des émigrés étaient vendus pour rien, et où chaque particulier tâchait de se défaire de son équipage à tout prix. Malgré l'air d'élégance qu'ont plusieurs de ces voitures, on n'ose cependant les détailler sans qu'on y trouve quelque chose qui cloche : ou c'est un siége en lambeaux, ou une glace, ou un marche-pied de moins, ou quelqu'autre imperfection saillante de ce genre, sans parler des chevaux, qui ne sont que de misérables rosses, ni des cochers qui, par leur mise sale et dégoûtante, ont l'air de véritables chenapans; aussi ne peut-on décemment se servir de fiacres que lorsque l'on est en chenille, d'autant plus qu'ils n'osent point entrer dans les cours des hôtels; ce même inconvénient existe aussi pour les cabriolets de place qui cependant, en général, ont l'air plus décent que les fiacres, et dans le nombre desquels on en trouve qui, attelés de bons et jolis trotteurs, ont même un air d'élégance. Cette sorte d'équipage est sur-tout agréable pour les personnes qui savent conduire, puisqu'alors le cocher vous abandonne les rênes, et monte derrière le cabriolet.

Pour empêcher, autant que possible, les accidens, tous les cabriolets qui, d'ordinaire, vont grand train, sont obligés, par ordonnance de police, d'attacher, soit des grelots, soit des sonnettes, à leurs chevaux, de même que de nuit, d'avoir une lanterne éclairée, attachée au cabriolet, tant pour prévenir de leur arrivée, que pour donner le tems par là aux gens à pied de pouvoir les éviter.

Mais enfin voilà cinq heures du soir qui sonnent, et comme je dîne en ville, il faut que je termine cette épître, pour faire ma toilette. Je vous quitte donc, pour vous laisser réfléchir sur le sort heureux des pauvres chevaux, qui sont obligés de trotter jour et nuit sur le pavé de Paris, qu'on nomme à juste titre l'enfer des chevaux; et si, par hasard, vous vous appitoyez trop sur leur sort, alors, mon cher, relisez Candide, et persuadez-vous de l'immuable axiome de maître Panglosse : « Que tout est pour le mieux dans le meilleur des mondes possibles. »

LETTRE IVe.

Paris, ce 24 mars 1806.

Ayant ces jours-ci examiné à fond tout ce que le Palais-Royal contient de remarquable, je puis par conséquent satisfaire votre curiosité à cet égard. Le ci-devant Palais-Royal qui, pendant le fort de la révolution, avait pris le nom de Palais-Egalité, est connu présentement sous celui de Palais du Tribunat, dénomination qu'il porte depuis que le conseil du Tribunat y siége. Il fut construit par le cardinal de Richelieu, qui en fit cadeau à Louis XIII, après la mort duquel Anne d'Autriche, reine de France et régente du royaume, vint l'habiter avec ses deux fils; époque à laquelle il fut nommé Palais-Royal. Louis XIV en céda la jouissance à Monsieur, son frère unique, et en donna la propriété à son petit-fils le duc de Chartres.

En 1781 on bâtit la façade du Palais-Royal du côté de la rue Saint-Honoré, sur les dessins de Moreau. Cette façade offre deux pavillons ornés de colonnes doriques et ioniques, couronnées d'un fronton chargé de figures sculptées par Pajou. Un mur percé de portiques unit de chaque côté les pavillons aux trois portes qui servent d'entrée. Les deux ailes sont ornées de deux ordres, l'un dorique au rez-de-chaussée, surmonté de l'ionique au premier étage, et couronné de frontons triangulaires, décorés de chiffres et de figures. L'avant-corps du fond de la première cour est percé de trois arcades, dont le dessous forme un vestibule soutenu par des colonnes qui conduisent au grand escalier, dont la rampe en fer est un chef-d'œuvre de serrurerie. La seconde cour est fermée par des galeries de bois, sous lesquelles est un vestibule qui conduit au jardin.

Cet édifice, qui appartenait anciennement au duc d'Orléans, surnommé Philippe-Egalité, forme un vaste carré en oblongue, qui enclave un jardin sans ombre, qui consiste en quelques allées tirées au cordeau, qui se croisent, et en quelques boulingrins réguliers enfermés par des grilles en bois. Ce jardin est bordé, de trois côtés, par des corps de bâtimens uniformes, décorés de festons, de bas-reliefs et de grands pilastres qui portent un entablement, dans la frise duquel on a percé des fenêtres. Au rez-de-chaussée, une galerie voûtée en pierre, percée, du côté du jardin, de cent quatre-vingts arcades, donne le jour et l'entrée à autant de boutiques éclairées le soir par autant de réverbères.

La construction de ces arcades en pierres fut achevée en 1786, et chaque arcade fut louée 1,200 livres, et successivement jusqu'à 6 et 8000 liv. Les caves de ces galeries sont louées de même, à un prix exorbitant, et renferment des magasins, des cafés, des restaurateurs et de petits spectacles. Le quatrième côté du jardin est fermé par une misérable galerie en bois, d'un étage seulement, qui contient cent vingt-cinq boutiques, et qui se prolonge du côté du Théâtre français, par une petite galerie vîtrée qui en contient encore une vingtaine.

Cette galerie, qui jure infiniment avec le reste de cet édifice, est le produit d'une spéculation mercantile du feu duc d'Orléans, qui ne répugnait jamais à aucun moyen, même le plus bas et le plus vil, pour se procurer de l'argent, dont ses intrigues infâmes, ses corruptions et sa vie sale et crapuleuse lui rendaient le besoin des plus urgens.

Toutes les boutiques qui se trouvent sous les arcades en pierres du jardin du Tribunat, sont garnies par des devantures de boutiques vitrées, avec des glaces transparentes, depuis le seuil de la porte jusqu'au plafond, derrière lesquelles sont exposés les produits journaliers en tout genre de l'art et du luxe, qui y restent étalés depuis le lever du soleil jusques vers les onze heures et demie de la nuit. On trouve, sous ces arcades, de fort beaux magasins en bijouterie, porcelaines, horlogerie, des magasins de modes, d'étoffes, de draps et de meubles, en outre une quantité de boutiques de fripiers, de chapeliers, de parfumeurs, de confiseurs, de perruquiers, d'instrumens de mathématique, d'opticiens, de graveurs, de peintres en portraits, de dentistes et d'artistes en toutes sortes d'ouvrages en cheveux; des boutiques de fourbisseurs, d'armuriers, de tableaux, de comestibles en tout genre, de marchands de gauffres, sortans du four, de bière et de cidre, sans oublier les marchands de bottes, dans le nombre desquels on remarque surtout l'artiste bottier, inventeur des bottes sans coutures, dont on paie la paire à raison de 120 à 150 livres. Outre cela, on trouve encore dans l'enceinte de ces arcades des bureaux de change et de loterie, de même que des maisons de prêt, des billards, des tables de jeux, quinze restaurateurs et vingt-neuf cafés.

Dans le corps des bâtimens au-dessus des boutiques, se trouvent des salles de danse et de jeux, et plus haut, des repaires de femmes publiques, qui logent jusques dans les greniers, sous la domination de mères abbesses, qui leur fournissent des vêtemens à un prix fixe pour chaque jour, selon la beauté des hardes. Les galeries de bois sont occupées par des libraires, des marchands de sucreries, de jouets d'enfans et autres, des lingères, des marchandes de modes, des boutiques de perruquiers, et par quelques boutiques ornées de l'inscription pompeuse des artistes décrotteurs. Ces boutiques sont arrangées avec goût et élégance, décorées de rideaux de mousseline relevés avec des glands de couleurs. Pendant que pour quelques sous on se fait décrotter et cirer les bottes et les souliers avec la cire reluisante, on est mollement assis en face d'une glace, sur un banc rembourré de crins et couvert en velours de coton, tandis que vous trouvez sous la main un journal pour vous distraire. On remarque encore dans ces galeries de bois, qu'on nomme aussi camp des Tartares, des boutiques de marchands tailleurs, et au bout de la galerie, près du Théâtre français, un atelier très-considérable d'un tailleur qui a pris le nom de Tailleur unique, ou Véloci-Tailleur, et qui, dans l'espace de deux heures, vous habille complètement de pied en cap à un prix proportionné à la vélocité de son ouvrage.

Les restaurateurs du palais du Tribunat les plus renommés, tant sous le rapport de la bonne chère que sous celui de l'élégance de l'ameublement, sont les frères Provençaux, fameux pour les déjeûners froids et chauds; ensuite Robert, Naudet, et sur-tout Véry, dont le frère a un établissement pareil dans la nouvelle rue de Rivoli, sur la terrasse des Feuillans, dont l'arrangement surpasse encore celui de Véry du palais du Tribunat.

Dans le nombre des cafés les plus distingués établis dans l'enceinte de ce palais, on remarque le café de Foix, renommé pour les bonnes glaces et les sorbets. Ce café, qui ne réunit ordinairement que la bonne société, est toujours, au sortir du Théâtre français et de celui de la Montansier, rempli de monde qui vient y prendre ou des glaces ou un sorbet, et même très-rarement on y trouve des dames. Les autres cafés remarquables sont celui de Chartres, celui de la Rotonde, avec un pavillon dans le jardin, où, en été, on va prendre le frais du soir; celui de Corazza, où l'on trouve presque tous les journaux étrangers ; et enfin le café des Mille Colonnes, orné d'une quantité de glaces et de jolies colonnes.

Dans le nombre des cafés établis dans les caves des galeries du palais, on remarque d'abord le café du Caveau, dit du Sauvage, qui se trouve sous le café de la Rotonde. Ce caveau comprend deux grandes salles, qui, dès le matin jusques vers les sept heures du soir, sont occupées par un restaurateur, où l'on trouve des déjeûners froids et chauds, et où, à raison de 25 sous, on peut faire un ample dîner. Vers les sept heures du soir enfin, le restaurateur disparaît, et un limonadier prend sa place; une musique aigre et discordante, accompagnée d'un tambour de basque, s'y établit, de même qu'un homme, auquel le maître du café paye 6 l. par séance pour jouer le sauvage, qui se place dans une sorte de grotte fermée par des décorations en bois, et entourée de trois ou quatre timballes, qu'il frappe d'une telle force, qu'on l'entend souvent à l'autre bout du jardin, faisant des grimaces, des sauts et des bonds pour amuser les chalands du caveau. Les habitués de ce café sont, pour la plupart, de petits marchands qui s'y rendent avec femmes et enfans pour y boire la petite bouteille de bière aigre, et manger des échaudés.

On prétend que l'individu qui fait le rôle du sauvage, est l'ancien cocher de Robespierre. Le café des Aveugles, non loin de celui du Sauvage, se trouve de même sous terre; il porte ce nom, parce qu'un orchestre complet, composé d'aveugles formés aux Quinze-Vingts, s'y trouve tous les soirs à cinq heures, heure à laquelle seulement ce café s'ouvre. L'ensemble de cet orchestre, qui exécute des ouvertures et des symphonies, est fort bon, et ces pauvres gens, entassés les uns sur les autres sur une petite tribune, dans la salle d'entrée du caveau, jouent avec une précision et un zèle étonnans. Ils ont parmi eux une femme aveugle, qui chante des airs de bravoure, mais dont la voix fausse et aigre discorde avec la bonté de l'accompagnement. Ce café est divisé en vingt petits caveaux, joliment décorés, et est le lieu du rendez-vous de toutes les filles du jardin, qui y viennent s'arranger des entrevues ou duper des godiches, mot qui désigne des étrangers ou des provinciaux nouvellement débarqués, et non familiarisés encore avec les mœurs et les usages de Paris. Les nymphes habituées au café, en reçoivent, tous les jours, une demi-tasse gratis, tandis qu'elles engagent les conquêtes qu'elles font, à faire d'autant plus de dépense. L'on trouve dans ce café, où il y a un flux et reflux continuel qui ne cesse que vers minuit, des gens de toutes les classes et de tous les états, de vieux et de jeunes admirateurs des grâces, qui viennent, sortent et entrent sans discontinuer.

C'est aussi dans ce café que résident mesdames Angot, nom célèbre dans toutes les pièces facétieuses qu'on donne à Paris pour amuser la populace. Ce sont deux grosses marchandes de bouquets qui vont présenter des bouquets aux godiches pour leurs belles, qu'elles se font payer plus ou moins cher, selon les circonstances. Outre ces bouquetières, des marchands de bretelles, de petits bijoux, de sucreries, etc., parcourent ces caveaux pour faire les mêmes spéculations, tandis que d'un autre côté des filoux y font leur tournée pour signaler ceux sur lesquels ils espèrent trouver de l'argent et des bijoux.

Le café Borel, qui, de même, se trouve dans un caveau, est partagé en plusieurs grottes ornées de glaces, et joliment décorées. Ce café s'est acquis quelque réputation par le talent du maître, qui est ventriloque. On y trouve tous les soirs une société réunie; ce sont de petits bourgeois qui y vont en famille pour y boire la petite bouteille de bière, et rire des facéties que Borel fait pour amuser les chalands. C'est ordinairement une personne de la société qui est obligée de faire les frais de cette représentation, et qui est la dupe qu'on choisit pour amuser les autres. On donne son nom à Borel, qui, en se retournant vers un des soupirails du caveau, contrefait une voix qui appelle de la galerie celui qu'on veut tromper; alors celui-ci monte dans la galerie, où il ne trouve pas la prétendue personne qui l'avait appelé, et revient au café, où ce stratagème se répète de nouveau, et cela souvent à des reprises différentes, sans qu'on ait deviné le ventriloque.

Le café ou caveau des Variétés, sous la galerie vîtrée, est encore remarquable; il comprend deux grands caveaux, qui, quoique séparés, communiquent l'un avec l'autre. Dans chacun de ces caveaux se trouve un petit théâtre, sur lequel on joue alternativement, de manière que le jour où il y a spectacle dans l'un des caveaux, il y a musique dans l'autre. La société qui fréquente ce café est fort mêlée; elle n'est composée ordinairement que de petits bourgeois, d'ouvriers, de soldats, de domestiques et de femmes à grands bonnets ronds et à gros jupons de laine. Les pièces qu'on joue sur ce théâtre, sont des vaudevilles ou autres petites pièces dans ce genre, en un acte seulement; de sorte qu'on peut répéter plusieurs fois la représentation dans le courant de la soirée, pendant laquelle les spectateurs, assis autour de différentes petites tables, continuent, tout en admirant la beauté du spectacle, à boire et à manger sans se déranger le moins du monde. Le théâtre n'est élevé que de deux pieds au-dessus du niveau du parquet, et si petit, qu'à peine quatre ou cinq acteurs y peuvent tenir. Le jour que j'y fus, on donna un vaudeville nommé la *Mère rivale;* l'orchestre, modeste, n'était composé que d'un violon; et en baissant le rideau, tous les acteurs, au nombre de cinq, se trouvant réunis sur la scène, un d'eux qui ne put, faute de place, reculer, se trouva placé entre le rideau et les spectateurs. Ces spectacles se donnent gratis, et seulement pour attirer des chalands. Les premiers acteurs qui brillent sur ce théâtre gagnent 30 sous par jour, une bouteille de bière et un petit verre d'eau-de-vie : les artistes du second ordre n'ont point un traitement aussi brillant; ils ne reçoivent que de la bière, ou une tasse de café, ou quelques sous par jour, selon leurs talens ou leur mérite.

Malgré le chaleur insupportable, et nonobstant l'air méphitique qui règne dans ces caveaux, d'où il s'exhale une épaisse vapeur, capable de faire rebrousser chemin à celui qui y descend, il y a cependant journellement une foule de monde qui s'y transporte, et l'on y remarque un mouvement continuel d'allans et de venans. La police de Paris veille avec soin et rigueur sur tous ces lieux de réunion, qui, sans cette vigilance, deviendraient facilement des repaires de vols et de brigandages.

Je ne vous ai point parlé encore des maisons de jeux qui se trouvent dans l'enceinte du palais du Tribunat, mais j'en ai parcouru hier quelques-unes avec un de mes amis. Plusieurs grandes salles contiguës les unes aux autres, contiennent chacune une grande table de jeu, où l'on jouait, soit à la roulette, au passe-dix, au biribi ou à la rouge et noire ; malgré que toutes les tables fussent entourées de monde, le moment n'était pas encore bien propice; il n'était que six heures du soir, et le grand monde y venait plus tard. Un silence profond régnait dans ces salles, et n'était interrompu que par les cris répétés des banquiers et croupiers : *le jeu est-il fait?* Une demande faite à l'oreille du domestique de place qui nous conduisait, excita des murmures de la part des joueurs ; on craignait que le profond silence nécessaire pour les spéculations frauduleuses de quelques filoux, ne fut interrompu, et l'on nous fit entendre qu'il fallait se taire. Quelques femmes étaient assises à ces tables de jeux, l'œil hagard et fixé sur l'impitoyable roulette, qui décidait de leur sort. Je restai pendant quelques heures dans ces salles, pour examiner l'empreinte de la passion que portait chaque visage. Quel vaste champ à parcourir pour l'observateur qui, avec quelques connaissances des hommes et du cœur humain, saisirait l'expression de chaque physionomie ! Je suis sûr que Lavater aurait pu acquérir dans ces endroits, des notions dont la somme lui aurait procuré les résultats les plus importans pour ses recherches sur la physiognomonie. Vous savez quelle horreur m'a toujours inspiré la passion du jeu, fille désordonnée de l'avarice le plus sordide, capable d'entraîner à tous les crimes, et vous concevrez aisément que je respirai plus librement en me trouvant hors de l'enceinte de ce repaire de friponnerie privilégiée, qui ne laisse pas que de rapporter au fisc des sommes considérables, puisque chaque entrepreneur d'une maison de jeux est obligé, pour obtenir la permission d'une telle entreprise, de payer annuellement une rétribution très-considérable au gouvernement, qui retire de toutes les maisons de jeux établies à Paris, dont il y en a plusieurs qui sont arrangées avec l'élégance la plus recherchée, annuellement, dit-on, plus de cinq millions. Ces maisons de jeux, dont il en existe plusieurs dans l'enceinte du palais du Tribunat, sont des établissemens pernicieux, car on y trouve réunis à la fois tous les moyens de séduction capables de perdre un jeune homme. Une de ces maisons, dans laquelle je fus, contenait, au premier, les tables de jeux; au second et jusqu'au grenier, un établissement de femmes publiques; et à l'entresol, un bureau de prêt. Vous voyez donc que le local était bien distribué, et les occasions bien ménagées. Il ne manque plus ici, disais-je à mon ami, que l'occasion de se brûler la cervelle, et nous fimes très-plaisamment la découverte qu'au rez-de-chaussée demeurait un armurier.

Je fus ces jours derniers aux Ombres chinoises de Séraphin, dans l'enceinte du palais du Tribunat. Ce petit spectacle se donne dans un emplacement qui contient tout au plus quatre-vingts personnes. Il est surtout fréquenté par des bonnes d'enfans et des mamans, qui y vont avec leur petite famille. Tout l'orchestre se borne à une orgue, et le spectacle même est une représentation d'ombres chinoises et de marionnettes, dont les travestissemens sont assez jolis.

La promenade du jardin et des galeries du palais du Tribunat est intéressante à toutes les heures de la journée; on y voit un tableau mouvant continuel, dont les nuances changent, pour ainsi dire, à toute heure, et qui continue jusques fort avant dans la nuit. Le matin, on y trouve une quantité de personnes qui parcourent ces galeries, tant pour prendre l'air, que pour déjeûner, lire les papiers dans les cafés, courir les boutiques ou soigner leurs affaires. Mais ce n'est que sur le soir, entre cinq et huit heures, que ces galeries sont remplies par une foule de monde, qui augmente beaucoup au moment de la sortie des spectacles. Après les huit heures du soir enfin, descendent les courtisanes qui habitent dans l'enceinte ou dans les environs du palais, et se répandent au nombre de plusieurs centaines, tant dans les galeries que dans le jardin, qui leur servent de point de réunion pour y arranger le lieu du rendez-vous des petits soupers fins, et pour convenir du prix. Un novice, nouvellement débarqué à Paris, doit être fort surpris, en passant à cette heure par le palais du Tribunat, d'y trouver les galeries remplies de femmes élégamment mises, qui usent de tous les moyens que peut fournir la minauderie pour agacer les passans, en leur offrant des plaisirs dont la jouissance se paie au prix de l'honneur, et bien souvent par la perte de la santé. Cette heure-ci est le moment où il faut le plus être en garde contre les filoux et les escrocs, qui, dans l'espoir de profiter d'un moment de presse pour faire un coup de leur métier, se réunissent à cette heure-ci dans les galeries du palais. Vers minuit, les galeries commencent enfin à se vider, il n'y reste plus que la classe la plus commune des femmes publiques, dont les charmes flétris par l'âge ou la débauche, les privent de trouver des chalands. Ces malheureuses font alors chasse sur tout être qui passe par-là ; elles vous suivent et vous persécutent sans relâche, et souvent on ne peut en être débarrassé qu'en leur donnant quelques sous pour s'acheter du pain, et subvenir par-là aux besoins physiques les plus pressans. A minuit enfin, on ferme les grandes portes d'entrées du palais, et il n'y a plus que quelques petites issues qui restent ouvertes, pour ne pas empêcher le passage continuel qui a lieu par ces galeries, qui servent de communication plus proche et plus commode d'une rue à l'autre.

Dès que la nuit commence, il y a différentes sentinelles placées dans les galeries et dans le jardin, pour maintenir l'ordre et la tranquillité. Ce moment est le plus pénible pour la police, dont un grand nombre de surveillans parcourent le palais pour observer les filouteries qui pourraient y avoir lieu.

Malgré que les anecdotes et les contes qu'on débite sur les filouteries et escroqueries qui se font à Paris, soient un peu exagérés, il est cependant toujours prudent, dans toute foule où l'on se trouve, d'être infiniment sur ses gardes, de cacher sa montre, de ne pas laisser voir de l'argent, et d'avoir un œil attentif sur ses poches, choses qu'on apprend facilement quand on demeure quelque tems à Paris, puisque les Parisiens, moins confians à cet égard que les étrangers, les avertissent d'être sur leurs gardes, ce qui m'est arrivé plusieurs fois, où des passans, voyant mon mouchoir sortir de ma poche, me dirent : « Faites attention, monsieur, à

» votre mouchoir, il pourrait vous être
» volé. »

Un grand agrément qu'offre le palais du Tribunat, est celui d'y trouver non-seulement de quoi s'équiper de pied en cap, mais aussi de quoi meubler complètement la maison la plus élégante. On voit étalé, dans les boutiques des galeries, tout ce que l'art et le luxe produisent de plus nouveau et de plus riche, ce qui, de nuit, où toutes ces boutiques sont éclairées jusqu'à minuit, soit par des bougies ou des lampes à quinquets, fait un effet admirable, sur-tout si l'on y joint l'illumination des galeries, qui sont éclairées par des réverbères et une infinité de lanternes en toile peinte, suspendues aux entrées des maisons où il y a quelque chose à voir, ou aux cafés, etc., qui se trouvent à un premier et qui ne donnent point sur les galeries : ces lanternes servent d'enseignes, et leurs inscriptions, quelquefois assez bizarres, prêtent souvent à rire. Une de ces enseignes, sur-tout, m'amusait beaucoup ; elle représentait, d'un côté, une dame en grande parure, couchée nonchalamment sur une bergère, et un monsieur, en uniforme militaire, coiffé en ailes de pigeon, à ses pieds, qui lui coupait un cors ; de l'autre côté, un militaire dans la même attitude, se laissait faire la même opération, et des deux côtés on lisait, en grands caractères, l'inscription suivante : *On coupe ici bien les cors.* Un chapelier portait l'inscription modeste : *C'est ici le temple du Goût.*

Il est si vrai qu'on trouve dans les galeries du palais du Tribunat, réuni tout ce que l'art et l'industrie peuvent inventer, que même vous pouvez y trouver de quoi remédier à tout plein de défectuosités du corps humain, telles que des mollets et des gorges factices. Je vous avertis de cela, mon ami, pour qu'au cas que vous vous mariez un jour dans ce pays-ci, vous puissiez être sur vos gardes, car je ne vous jurerais pas que ces deux articles soient les seuls factices dans ce genre qu'on trouve à acheter ici.

Un grand désagrément qu'on éprouve au palais du Tribunat, est celui d'avoir la tête rompue par les cris continus des crieurs de journaux et des colporteurs qui s'y trouvent à poste fixe dès l'aube du jour jusqu'à la nuit tombante. Ces gens, aux persécutions desquels on a de la peine à échapper, sont d'une persévérance à tourmenter les passans, dont on ne se fait aucune idée, et emploient tous les moyens pour engager à faire des emplètes. Une partie de ces colporteurs sont apostés par les petits libraires du palais du Tribunat, pour débiter certains livres contraires aux bonnes mœurs, et prohibés par la police; tels, entre autres, le Répertoire des femmes galantes de Paris, ou le Catalogue des filles du palais, dont différentes éditions sont ornées de gravures édifiantes.

Outre cette engeance, on est encore persécuté par des vieilles femmes chargées de répandre des billets d'invitation de la part de certains médecins ou chirurgiens, dont le talent s'est porté à perfectionner l'art de guérir les maladies galantes. Ces billets indiquent leurs demeures, et recommandent le véritable rob antisphylitique, ou celui de Lafecteur.

Vous voyez donc, d'après le tableau que je viens de vous tracer, que l'industrie n'a rien négligé pour pourvoir, dans l'enceinte de ce palais, à tous les besoins quelconques, au point même d'y trouver des cabinets d'aisances d'une grande propreté tout près des boutiques de bois, dont l'entrepreneur a gagné tellement, que depuis peu d'années il a acquis des propriétés assez considérables, malgré néanmoins que le prix de chaque séance soit très-modique, et que l'on y reçoit en outre le papier nécessaire, gratis.

Dans le nombre des artistes qui habitent le palais du Tribunat, j'aurais presque oublié de vous nommer le découpeur des portraits à la Silhouette, assez heureux de trouver presque toujours la ressemblance, de même que le physionomotrace, qui, en peu d'heures, peint votre portrait, et le grave ensuite à un prix très-raisonnable; mais comme en toute chose la vélocité est actuellement à l'ordre du jour, ces portraits, qui se font très-lestement, ne sont pas toujours des plus ressemblans.

LETTRE V̇ᵉ.

Paris, ce 27 mars 1806.

Il y a une huitaine de jours, à-peu-près, que j'ai fait la connaissance du théâtre de la Montansier, qui se trouve à l'extrémité du palais du Tribunat. Ce théâtre, sur lequel on ne représente que des vaudevilles, de petits opéras et des petites pièces facétieuses, est, dans son genre, un des meilleurs de Paris. Le principal acteur de ce spectacle est Brunet, qui, sur-tout, joue au grand parfait les niais. Sans charger ses rôles, il fait rire aux larmes; ses calembourgs, tels mauvais qu'ils puissent être ; ses bêtises même, qu'il lâche à dessein, ne manquent jamais de faire leur effet; et en y joignant son masque et sa manière de se costumer, il est sûr qu'un moribond le voyant, ne saurait s'empêcher d'éclater de rire. Cet homme a vraiment étudié l'art de désopiler la rate. Si j'étais médecin, je conseillerais à un hypocondre, comme seul et unique remède, de suivre les représentations de Brunet, et si ce remède manquait son effet, je le déclarerais incurable ; et, au bout de mon latin, je l'enverrais, comme le bon Tissot faisait anciennement avec les malades que son art ne pouvait plus tirer d'affaires, voyager en Italie, pour n'en plus revenir. Les triomphes de Brunet, qui néanmoins est parfait dans tous les rôles de son genre, sont les Jocrisses, les Cadets Roussel, le Maître d'école à Chaillot, M. Vautour ; et dans une petite pièce qui se nomme *Une Nuit d'auberge*, le rôle de M. Adonis de Château-Vilain.

Un autre bon acteur de ce théâtre, est Tiercelin ; son genre est celui des rôles *mousseux*, tels que ceux de Fort de la halle, de Marinier, etc. Cependant je trouve qu'il n'y a pas de comparaison à faire entre lui et Brunet, qui le surpasse sous tous les rapports, et dont le masque et l'expression de figure sont inimitables.

Ce théâtre, malgré qu'il soit fort bon dans son genre, ne peut néanmoins décemment être fréquenté par la bonne société, et cela par la raison qu'il est le lieu de réunion d'un grand nombre de courtisanes, dont cinquante y ont leur entrée gratis. C'est une spéculation des entrepreneurs, dans l'espoir d'y attirer plus de monde. Vous concevez donc que, d'après ceci, ce spectacle ne peut, au moins publiquement, être fréquenté par une femme honnête, qui n'a d'autre ressource pour y aller, que d'entrer dans les loges grillées qui sont au fond du théâtre, ou dans les baignoires ou loges basses, où l'on n'est pas si exposé à la vue du public, et où on ne se trouve pas si confondu avec les courtisanes, qui se tiennent sur-tout aux premières, où elles entrent, sortent, et vont, sans se gêner, d'une loge à l'autre, d'après le calcul des spéculations qu'elles espèrent de faire. Nonobstant cela, il ne se passe rien dans l'enceinte de cette salle qui puisse blesser la décence et les égards qu'on doit au public, malgré que le foyer, les galeries et les escaliers soient obstrués pendant les entr'actes, tant par ces femmes que par un essaim de jeunes gens du soi-disant bon ton. C'est ici que s'arrangent les entremises et les parties fines, soit pour la nuit ou pour le lendemain.

Les courtisanes, protégées dans ce spectacle, se regardent comme beaucoup au-dessus des autres filles du palais du Tribunat ; elles affectent, même dans les loges, un ton très-décent, et ne se qualifient réciproquement que du nom de madame. Une anecdote qui m'est arrivée, vous prouvera à quel point est vrai ce que je viens de dire. Me trouvant un jour chez la Montansier, je demandai à ma voisine si elle fréquentait habituellement ce spectacle ; elle me répondit avec l'air du plus grand sérieux : « Oui, monsieur, j'y venais » jadis fréquemment, mais à présent » je n'y viens que rarement, car depuis » que ce spectacle est couru par » des filles, une femme honnête ne » peut y paraître sans se compro» mettre ». Vous ne vous douteriez peut-être pas qu'un quart-d'heure après, cette même femme honnête m'offrit de lui donner à souper en tête-à-tête.

L'existence du théâtre Montansier semble toucher, dans ce moment, à sa fin ; plusieurs débats, qui eurent lieu à cause de lui, au Conseil-d'Etat, font présumer qu'il va être, sinon fermé, au moins tranféré hors de l'enceinte du palais du Tribunat, duquel, dit-on, doivent être expulsés tous ces établissemens contraires aux mœurs, dont je vous ai parlé dans ma lettre précédente.

Je fus dîner, il y a quelques jours, chez notre ministre, qui tient un fort bon état de maison ; et au sortir de chez lui, je fus au Théâtre français, pour voir une représentation de Coriolan, tragédie de La Harpe, dans laquelle Talma joua en perfection. Talma est de moyenne taille, et se présente bien sur la scène, sans avoir néanmoins ce beau port et cet air de noblesse que Larive possédait à un si haut degré de perfection. Sa physionomie à un grand caractère, et ses grands yeux caves ombragés par des sourcils forts et saillans, lui donnent cet air fier et soucieux dont l'imagination aime à parer les héros de l'antiquité. Jamais je n'ai vu Talma plus beau, et dans des rôles plus analogues à l'expression de son visage, que dans celui de Brutus dans la Mort de César, et dans celui du Cid. Cet acteur est, dans ce moment, ce que le Théâtre français offre de plus parfait dans ce genre, et on ne saurait s'empêcher de lui rendre la justice, qu'il a des momens où il est superbe. Malgré que Talma ait la voix creuse, il aurait une belle déclamation, s'il n'avait le défaut de réciter quelquefois, tout d'une haleine, des tirades entières d'une voix basse et presque éteinte, suivies d'éclats de voix si violens et de gestes si outrés, qu'on croirait plutôt voir et entendre un échappé des Petites-Maisons, qu'un héros dans l'excès de la passion. Il est dommage que Talma, qui aurait eu toutes les dispositions et les talens nécessaires pour devenir le Lekain de son siècle, paraisse sur la scène au moment où le goût dramatique du public est tellement dépravé, qu'il ne peut plus, comme anciennement, contribuer par une juste et sage critique, à former des artistes consommés. Le juge sévère qui, jadis, faisait trembler non-seulement les acteurs, mais même les actrices, le parterre, dis-je, n'est plus ce juge compétent, tel qu'il le fut autrefois, où en majeure partie il n'était composé que de gens de goût et de lettres, que les crises turbulentes de la révolution, de même que les applaudissemens dictés par l'esprit de parti, ont expulsés de là, pour se mettre à couvert des insultes et des injures auxquelles on était exposé. Le parterre, de nos jours, est d'une composition bien différente, il est le point de réunion d'une jeunesse bruyante, qui, élevée au milieu des camps ou pendant les troubles de la révolution, n'a pu jouir d'une éducation soignée. Malgré cela, le parterre a encore conservé le droit de dicter la loi dans tous les théâtres, ce qui, comme il manque en général du tact et des connaissances nécessaires pour porter un jugement selon les règles de l'art et du bon goût, ne peut avoir qu'une influence très-désavantageuse sur les acteurs, qui, nécessités pendant les différentes crises de la révolution, à captiver la bienveillance du public, furent obligés, pour lui plaire, de suivre les directions fausses et erronées qu'ils en reçurent. Malheureusement pour Talma, il ne se ressent que trop de cette perfide école qui l'applaudit à tout rompre plus il outre et plus il se démène ; tandis que toute la salle est d'un calme parfait quand il lui arrive de jouer avec cette fierté, cette noble simplicité et cette sensibilité qui désignent l'artiste.

Après Talma, la tragédie n'offre plus d'acteurs dignes d'être cités, excepté Lafond, car Saint-Prix, un des artistes les plus distingués de ce théâtre, vient de quitter la scène, et ne joue plus que par complaisance. Damas qui, sous d'autres auspices, aurait eu assez de talent pour devenir un artiste distingué, est perdu maintenant pour la perfection, malgré qu'il ait quelquefois de bons momens. Monvel, fameux comme acteur et auteur dramatique, se permet encore de paraître sur la scène; mais comme l'âge lui a enlevé la mémoire et toutes ses dents, il devient inintelligible pour les spectateurs, et ce ne sont tout au plus que le souffleur et les acteurs qui jouent avec lui, qui sont en état de pouvoir le deviner. Si Talma venait à manquer, la tragédie serait absolument à bas, car le Théâtre français n'a personne qui serait en état d'oser se charger de ses rôles.

En fait d'actrices, la tragédie est mieux composée. Mademoiselle Duchesnois et la belle Georges Weymer se disputent les lauriers dûs au talent, et l'opinion du public est assez partagée entre l'une et l'autre. Selon ma façon de voir, je donne la pomme à mademoiselle Duchesnois, qui, à la vérité, n'est rien moins que jolie, mais dont le talent est porté à un haut degré de perfection, et qui est plus actrice consommée que mademoiselle Georges. Mademoiselle Duchesnois a beaucoup de jeu, et joint à un organe agréable, une déclamation pure et juste. Le seul reproche qu'on puisse lui faire, est d'avoir, en général, le ton trop larmoyant, ce qui la rend par fois monotone. Si elle pouvait se corriger de ce défaut, qui même influe sur les traits de sa physionomie, qui prend une expression peu avantageuse, elle serait sans contredit une des actrices les plus distinguées qui ont paru sur la scène. Les rôles dans lesquels elle excelle, sont les rôles tendres et à sentiment, et je lui ai vu dernièrement jouer celui de Chimène avec une sensibilité et une délicatesse rares.

La belle Georges Weymer est tout-à-fait l'opposé de la Duchesnois; aussi peu celle-ci est jolie, autant l'autre est belle. Si je voulais avoir le portrait d'une Junon, je prendrais mademoiselle Georges pour modèle; une figure selon toutes les règles de l'art, une taille svelte, un port de reine et un air de fierté et de noblesse, sont les traits caractéristiques qui la

4

distinguent. Elève soignée de mademoiselle Raucour, elle a hérité de cette diction énergique que cette actrice célèbre possède à un si haut degré de perfection. Pendant longtems, mesdemoiselles Duchesnois et Georges avaient semé la discorde dans le public, dans lequel chacune d'elles avait son parti, malgré cependant qu'aucune rivalité ne devait avoir lieu entre elles, puisque leurs talens réciproques portent sur des genres absolument différens. Aussi peu mademoiselle Duchesnois réussirait dans des rôles fiers et énergiques, aussi peu mademoiselle Georges pourrait-elle plaire dans des rôles tendres et à sentiment, dans lesquels elle n'a jamais pu réussir. Sa belle figure ne saurait s'animer par les tendres sentimens de l'amour ou de l'amitié; elle n'est susceptible que de l'expression de la fierté, et ce n'est que le diadême et la pourpre qui peuvent cadrer avec son jeu, son organe et sa déclamation.

Mademoiselle Raucour, que vous connaissez, paraît encore sur la scène ; mais son âge et son teint couvert de couperose, ne lui offrent plus guères de rôles faits pour inspirer de l'intérêt, et ce n'est tout au plus que dans celui d'Athalie, dont le caractère et les crimes ne sont pas de son sexe, que mademoiselle Raucour, avec sa voix rauque et désharmonieuse, et avec sa figure hommasse, peut encore se trouver à sa place.

Mademoiselle Bourgoing, dont la jolie figure, jointe à un organe agréable, lui assurent l'intérêt du public, ne saurait être citée comme une grande actrice. Malgré que son jeu soit agréable et que sa déclamation soit bonne, je ne crois pas qu'elle ait des dispositions pour jamais s'élever au-dessus du médiocre.

Sans déprécier les mérites de la tragédie française, et tout en reconnaissant la beauté sublime des chef-d'œuvres que nous ont fournis Corneille, Racine et Voltaire, je ne saurais cependant vous cacher que la tragédie est le genre de spectacle qui me procure le moins de satisfaction. Je sais bien que depuis la révolution, ce spectacle a infiniment perdu de sa célébrité, qu'il lui faudra bien du tems encore pour remonter au degré de perfection dont il est déchu, et qu'il n'est plus ce qu'il fut dans les tems où une Clairon, Dumesnil, St.-Val, un Lekain et Larive paraissaient sur la scène. Mais en faisant même abstraction de tout cela, je ne puis m'empêcher de trouver que ce genre de spectacle n'offre qu'un tableau outré, peu fait pour émouvoir la sensibilité, et diamétralement opposé à la nature, puisqu'en général on n'y fait paraître que des êtres imaginaires qu'on pare de vertus et de vices qui n'ont jamais existé et qui n'existeront jamais.

Le genre de spectacle que je préfère à tout autre, c'est la bonne comédie française, qui, vraiment, est portée au plus haut degré de perfection. La comédie, qui n'est que le tableau fidèle des mœurs et usages de la société, dont elle doit censurer les ridicules, ne saurait, dans aucun pays du monde, rivaliser avec la comédie française, et cela par de très-bonnes raisons. D'abord, parce que le ton social, en France, se distingue, en général, par une aisance décente, un liant dans la conversation, une finesse, une aménité d'esprit et une délicatesse de procédés rares, et qu'ensuite la majeure partie des acteurs dramatiques sont des gens lettrés et instruits, qu'on accueille dans la bonne société, et qui se trouvent par-là à même d'en donner une copie fidèle. Joignez à cela que les artistes qui paraissent sur le Théâtre français, sont, pour la plupart, des gens qui ont eu une certaine éducation, qu'on les reçoit même quelquefois dans la bonne société, et que par-là ils ont trouvé les moyens de se former et de remplir, avec succès, des rôles bien au-dessus de leur état, mais dont ils ont les modèles sous les yeux. Vous concevez donc aisément à quel point la comédie française doit être préférable à celle de presque tous les autres pays, et surtout à notre comédie allemande, où une grande partie de nos acteurs dramatiques, lorsqu'ils se permettent de passer la sphère étroite du cercle social dans lequel ils vivent, se perdent dans les espaces imaginaires, et ne donnent que des fictions ou des caricatures; tandis que nos acteurs, tirés en grande partie de la fange, sans éducation, sans tournure et sans le moindre tact, réduits bien souvent à la dernière misère, ne peuvent que prêter à rire quand ils veulent s'élever dans un genre de rôles au-dessus de leur état.

Malgré que la comédie française ait perdu, depuis la révolution, plusieurs de ses plus grands artistes, elle fournit néanmoins encore des sujets distingués, tels que Fleuri, Dazincourt, St.-Phal et Baptiste l'aîné, qui réussit mieux dans la comédie que dans la tragédie. Fleuri est un élève de Molé, et c'est ce que la comédie française offre de mieux pour remplir les rôles que ce fameux artiste jouait avec tant de succès. J'ai vu Fleuri dans le rôle du Misanthrope et dans celui de l'Amant bourru, qu'il a joués en perfection. Mlle Contat a quitté la scène, et ne joue plus que par complaisance ; elle a un embonpoint excessif, qui ne lui permet pas de se charger de rôles qui demandent les grâces et la fraîcheur de la jeunesse. Mlle Contat, qui est encore belle femme, est une actrice consommée, de la perte de laquelle le Théâtre français ne pourra jamais être dédommagé. La finesse de son jeu, sa diction et le jeu de sa physionomie la mettent infiniment au-dessus de tout ce qu'on pourrait trouver de parfait dans ce genre, et lui assurent encore actuellement les applaudissemens et les suffrages du public. Je lui ai vu jouer en dernier lieu le rôle de Mme de Clainville, dans la Gageure imprévue, avec une perfection étonnante.

Une charmante actrice attachée au Théâtre français, est Mlle Mars; elle est jolie comme un cœur, jeune et fraîche, et joint à un organe doux et agréable, beaucoup de jeu. Elle réussit fort bien dans les rôles d'ingénuité, et ne joue pas mal du tout ceux de finesse. Douée d'une charmante figure et de grandes dispositions pour l'art dramatique, je suis sûr qu'en y vouant des soins et de l'application, elle parviendra à faire un talent distingué.

La salle du Théâtre français, qui est située dans la rue de la Loi, près du palais du Tribunat, a été commencée en 1787, et achevée en 1790; elle fut occupée, au commencement de la révolution, par une troupe de comédiens qui prirent le nom de Variétés amusantes, tandis que dans ce tems-là la salle du Théâtre français se trouvait au faubourg St.-Germain. Cette salle, ainsi que presque toutes les autres salles de spectacle, à Paris, est bâtie en forme de rotonde, dont le diamètre est formé par la scène. Elle a cinq rangs de loges, soutenues par des colonnes qui forment un joli coup-d'œil, mais qui prennent trop de place et empêchent quelquefois de voir. Le Théâtre français, de même que le grand Opéra ou Académie impériale de Musique, et le théâtre Feydeau, se trouvent maintenant sous la direction particulière d'un des chambellans de l'Empereur, qui en a l'inspection et la manutention, et qui est obligé de répondre des pièces qu'on y joue. Cet arrangement est à-peu-près le même que celui qui existait avant la révolution, où un des premiers gentilshommes de la chambre avait la direction des spectacles entretenus par le roi.

Un de ces jours derniers, au sortir du Théâtre français, je fus encore au café de Fitz-James, dans les galeries du palais du Tribunat, où tous les soirs se réunissent d'honnêtes bourgeois de Paris, avec femmes et enfans, pour boire ou la bouteille de bière ou un verre de punch, et pour s'amuser des représentations facétieuses que le maître du café donne gratis pour attirer des chalands. Fitz-James prétend descendre de l'illustre famille irlandaise de ce nom ; mais, quoiqu'il en soit, ses titres connus se réduisent à prouver qu'il est un très-bon ventriloque, infiniment préférable à Borel, dont je vous ai parlé dans ma dernière lettre. Ayant voyagé, il y a quelques années, dans une grande partie de l'Europe, pour faire valoir son talent, Fitz-James s'est enfin établi, et tient un café qui contient deux petits sallons où se réunissent, vers le soir, ceux qui sont curieux de l'entendre.

Cet homme possède, dans une grande perfection, le talent de décomposer son visage et de prendre tel masque qu'il veut, de même que celui de modifier sa voix au point que, assis à côté de vous, vous croyez l'entendre parler dans un des coins du sallon. Rien de plus comique que les conversations ou les querelles qu'il imite, en contrefaisant à-la-fois trois ou quatre voix différentes. Un ventriloque plus fameux encore que Fitz-James, c'est Thiémet, qui, en adoptant tel masque qu'il veut, a le rare talent de mystifier son monde de telle manière, que les personnes qui le connaissent le plus particulièrement, y sont prises. On le fait venir dans la société pour amuser et pour se faire pièce ; et je connais une dame chez qui Thiémet venait très-souvent, qui fut sa dupe pendant plusieurs jours de suite, en le prenant pour un lord anglais dont il avait pris le masque.

Fitz-James m'a assuré que rien n'est plus dangereux que le métier de ventriloque, puisque, par les efforts qu'on est obligé de faire, on risque facilement de se rompre une veine ou dans la poitrine, ou dans l'estomac.

LETTRE VIe.

Paris, ce 30 mars 1806.

CE fut le 15 du courant que, depuis son retour de la fameuse campagne en Autriche, je revis l'Empereur dans un des concerts particuliers de l'Impératrice. Ces concerts, qui, depuis le séjour de Leurs Majestés à Paris, ont lieu tous les mercredis et samedis, se donnent dans l'intérieur des appartemens de l'Impératrice. Ils commencent vers les dix heures du soir, et le nombre des personnes qui en ont l'entrée, se borne, pour l'ordinaire, aux dames du palais, et à ceux qui, par leurs places, sont attachés, soit à la personne de l'Empereur ou de l'Impératrice. L'Empereur, préférant la bonne musique vocale à l'instrumentale, l'orchestre, dans ces petits concerts, ne contient donc que les artistes les plus nécessaires pour accompagner le chant. Rhigel, que vous avez appris à connaître pendant son voyage en Suisse et en Allemagne, touche le clavecin; et Kreutzer, un des artistes les plus distingués, joue le premier violon. Crescentini, un castrat que l'Empereur prit à son service à Vienne, chante dans ce concert. Cet artiste, dont la voix est infiniment agréable, chante avec un goût et une expression qui n'appartiennent qu'à la bonne méthode italienne, et c'est le seul de tous les artistes de ce genre que je connaisse, dont la voix, en se rapprochant d'une belle voix de femme, ait le timbre doux et agréable. Le concert dura près d'une heure; et Martin, chanteur infiniment agréable, qui semble s'être formé dans l'école italienne, ainsi que Laïs, membre du Conservatoire impérial de Musique, exécutèrent différens beaux morceaux de chant. Le concert étant fini, le souper fut servi, et l'Impératrice se plaça à table avec toutes les dames, tandis que les hommes restèrent debout. Après le souper, l'Impératrice causa encore quelque tems, et se retira ensuite vers une heure du matin.

La cour impériale de France commence à se former sur un très-grand pied, et sera, sous peu, une des plus brillantes de l'Europe. La cour de l'Impératrice est composée d'une dame d'honneur, d'une dame d'atour, et d'un certain nombre de dames du palais, dont alternativement quatre sont de service par quartier. Outre ces dames, l'Impératrice a encore un chevalier d'honneur, un premier écuyer, des écuyers, des chambellans et des pages attachés à sa personne.

Le service journalier de l'Empereur consiste en deux aides-de-camp généraux; deux chambellans, deux écuyers, un préfet du palais et deux pages, sans compter les grandes charges de la cour, telles que celles de grand chambellan, grand maréchal, grand écuyer, grand veneur et grand maître des cérémonies, qui, d'obligation, doivent se trouver tous les jours au lever de l'Empereur, soit à Paris ou à Saint-Cloud.

Les étiquettes de la cour de France sont, au reste, en grande partie, tracées sur le canevas de celles de l'ancienne cour, et modifiées d'après les convenances du moment. L'habillement des dames, pour un grand jour de représentation à la cour, est comme partout ailleurs, une robe à queue et le manteau de cour. L'Empereur ayant donné des uniformes plus ou moins richement brodés à toutes les places qui existent en France, le costume des hommes, pour les jours de grande représentation, est l'habit d'uniforme, le manteau à l'espagnole de la même couleur et avec la même broderie que celle de l'habit, le chapeau à la Henri IV, et les souliers à rosettes. A l'exception de l'uniforme des sénateurs, dont la broderie est en or sur velours ou drap bleu foncé, la broderie de tous les uniformes, tant du civil que de la cour, est en argent. La broderie de toutes les charges de cour est la même, et ce n'est que la couleur différente de l'habit qui distingue les différens départemens, dont les chefs, qui forment les grandes charges de la cour, ont l'uniforme, comme une marque de distinction, brodé sur toutes les coutures. Cette même distinction appartient aussi aux maréchaux d'empire, dont l'uniforme est brodé en or sur toutes les coutures, et qui sont les seuls qui, avec un uniforme militaire, portent les jours de grande représentation le manteau et le chapeau à la Henri IV. Les princes Cambacérès et Lebrun, l'un comme archi-chancelier, et l'autre comme archi-trésorier de l'empire, ont un habit de cérémonie particulier à eux, dont la coupe cependant est la même que celle de tous les autres costumes dont je viens de parler. Les princes du sang enfin, ont l'habit et le manteau en velours blanc, parsemés d'aigles brodés en or. Le grand costume de cérémonie de l'Empereur est un habit de la coupe de l'ancien habit de cour du siècle de Louis XIV, en velours ponceau brodé en or sur toutes les coutures, et parsemé, de même que le manteau, d'abeilles brodées en or. Il porte un chapeau à la Henri IV, relevé par une superbe ganse en diamans, et un large baudrier richement brodé, qui soutient une épée à garde d'or, à laquelle est attaché le fameux diamant nommé le Régent. Hors les jours de grande cérémonie, l'Empereur ne met jamais ce costume, et son costume journalier ne se distingue que par sa grande simplicité ; c'est l'uniforme des gardes, avec les épaulettes de colonel, le chapeau tout simple, avec une ganse noire et une petite cocarde, sans autre distinction quelconque. Il porte toujours, outre la grande décoration de l'ordre de la Légion d'honneur, la croix de simple légionnaire, ainsi que la petite croix de l'ordre de la Couronne de Fer. Lorsque l'Empereur ne monte pas à cheval, il est toujours en bas de soie; et pour la chasse, il a établi un uniforme qui, pour la chasse au cerf, est vert foncé avec des galons en or et en argent; et pour la chasse à tirer, vert foncé tout uni, sans galons. La couleur verte est en général la couleur de la maison de l'Empereur; sa livrée est verte et or, et ses équipages sont de la même couleur, avec les armes de France aux portières.

L'Empereur ne sort guères; et lorsqu'il se promène en voiture, il ne va jamais qu'à huit chevaux, devancé et suivi par un détachement des gardes à cheval ou des chasseurs de la garde, anciennement guides de la garde.

Il y a huit jours que je vis, pour la

première fois, la fameuse parade des Tuileries, qui, pendant le règne consulaire, avait lieu toutes les décades, mais qui, présentement, n'a lieu que tous les quinze jours ou trois semaines, et cela ordinairement le dimanche, après la messe de l'Empereur. Ce fut vers les onze heures du matin qu'on se rendit aux Tuileries, dans les grands appartemens de l'Empereur, où, dans le premier antichambre qui devance la salle du trône, dans laquelle l'Empereur et la famille impériale se tenaient, se trouvaient réunies toutes les personnes attachées par des charges de cour, soit à la maison de l'Empereur, de l'Impératrice ou des princes ou princesses de la famille impériale, de même que le Sénat, le Conseil d'état, les officiers généraux et les officiers attachés à la suite des princes de Bavière et de Bade. Dans le second antichambre, se trouvaient le Corps législatif, le Tribunat, les juges et les officiers qui avaient accès à la cour. A onze heures et demie à-peu-près, l'Empereur et l'Impératrice, suivis de la famille impériale, et devancés par toute la cour, se rendirent par le grand escalier, bordé des deux côtés par une haie des gardes-du-corps d'élite, à la chapelle du château, où l'Empereur, l'Impératrice, ainsi que les princes et princesses, suivis de leur service et des grandes charges de la cour, se placèrent dans la tribune impériale, en face du maître-autel, tandis que les dames du palais se placèrent dans une tribune à la gauche de la tribune impériale, et le reste de la cour dans une salle à la droite de la tribune impériale, qui, moyennant de grandes fenêtres vîtrées, donne sur la chapelle, et qui sert d'emplacement aux séances du Conseil d'état.

La messe finie, toute la cour retourna dans les grands appartemens de l'Empereur, qui se rendit aussitôt dans la cour des Tuileries, dans laquelle se trouvait l'infanterie en ordre de bataille, et rangée par régimens, selon leur rang dans l'armée, tandis que hors de la grille, sur la place du Carrousel, se trouvaient la cavalerie et l'artillerie légère. Les troupes réunies tant dans la cour que sur la place, pouvaient se monter à environ huit mille hommes, et étaient composées d'un des deux régimens au service de la ville de Paris, de trois régimens d'infanterie légère en garnison à Paris, des trois régimens de la garde impériale, de quelques escadrons de la garde à cheval, ainsi que du corps de la gendarmerie d'élite, d'un escadron des chasseurs de la garde, et d'une batterie de huit pièces de canon de l'artillerie légère de la garde. L'Empereur, accompagné de ses aides-de-camp, des maréchaux d'empire Bessières et Moncey, ainsi que des princes de Bavière et de Bade, monta à cheval, et passa, aux cris répétés de *vive l'Empereur!* au grand galop par tous les rangs, après quoi il mit pied à terre ; et, après avoir fait faire plusieurs manœuvres à chaque corps, il fit défiler devant lui les troupes, bataillon par bataillon, au son de la musique de chaque régiment. La parade dura, cette fois-ci, près de trois heures de tems, par la raison que l'Empereur fit lui-même la visite des havresacs des régimens d'infanterie légère, pour s'assurer si l'équipement que le soldat a à prétendre était bien fourni. Rien n'échappe dans ces momens-là à l'œil scrutateur de l'Empereur, et gare au chef qui aurait quelque reproche à se faire à cet égard ! L'ensemble du coup-d'œil d'une telle parade est de toute beauté ; et la garde impériale, bien que son uniforme soit le même que celui de l'infanterie de ligne, se distingue cependant particulièrement de toute autre troupe, tant par sa belle tenue, que par sa coiffure de bonnets de grenadiers, par un drap plus beau et plus fin que celui du reste de l'armée, et sur-tout par le choix des plus beaux hommes. La parade finie, l'Empereur remonta dans ses grands appartemens, où toute la cour réunie attendait son retour, et où il s'arrêta pendant quelques momens pour parler à différentes personnes, tandis que d'autres lui furent présentées, et que d'autres lui remirent des placets.

Depuis que Leurs Majestés sont de retour à Paris, il y a présentement, tous les lundis soir, grand cercle à la cour, auquel toutes les personnes qui peuvent y paraître, de même que le corps diplomatique et les étrangers présentés à l'Empereur et à l'Impératrice par les ministres respectifs de leurs nations, ont le droit d'assister. Mais pour pouvoir vous donner au juste les détails d'un tel jour d'assemblée, il est nécessaire de vous faire connaître avant toutes choses, la carte géographique du pays, c'est-à-dire, le local des appartemens de représentation de l'Empereur au château des Tuileries. La première salle, dans laquelle on entre après avoir monté le grand escalier du château, se nomme la Salle des Maréchaux, par la raison qu'on y remarque les portraits de tous les maréchaux d'empire. Cette salle, qui est entourée d'une galerie très-élevée, ne sert ordinairement que les jours de cercle, soit comme salle de concert, ou pour y donner des ballets. De ce salon, on vient ensuite dans le second, et puis dans le premier antichambre, qui précèdent la Salle du Trône, ornés de tentures des Gobelins, et richement meublés. La Salle du Trône est suivie d'un autre salon, où se trouvent rangés en trophées d'armes les drapeaux et les étendards des régimens de la garde, ainsi que de la gendarmerie d'élite; et après cette salle, vient enfin la grande galerie de Diane, décorée des statues en marbre des hommes célèbres de la France.

Maintenant que vous voilà orienté, je vais reprendre le fil de ma narration, en vous donnant une description des grands cercles qui ont lieu tous les lundis au château des Tuileries.

C'est vers neuf heures du soir que le cercle commence, et que les personnes qui y peuvent assister se réunissent dans le premier et le second antichambre des grands appartemens de l'Empereur, où un nombre considérable de jeunes et jolies femmes, habillées avec goût et même avec richesse, assises en cercle, forment un tableau d'un effet admirable. La société réunie dans ces différens salons se monte à-peu-près à six ou sept cents personnes, et vous pouvez aisément concevoir, quand une fois la conversation est en train et animée, le bruit qui doit en résulter. Mais dès que les battans de la Salle du Trône s'ouvrent, et que les huissiers de la chambre, placés aux portes des appartemens de l'intérieur, annoncent l'arrivée de l'Empereur, le bruit cesse, chacun se range, et le plus profond silence s'établit.

C'est ordinairement vers les dix heures du soir que l'Impératrice paraît, accompagnée des princes et princesses du sang. Après quelques momens de conversation, on se met au jeu, qui dure tout au plus une demi-heure. L'Impératrice, ainsi que les princesses, jouent dans la Salle des Drapeaux, tandis que les autres personnes qui veulent jouer font une partie dans le premier antichambre. L'étiquette établie ici ne permet pas qu'on joue de l'argent; aussi se lève-t-on très à la hâte du jeu, lorsque l'Empereur paraît, pour passer dans la Salle des Maréchaux, où le concert a lieu. Au fond de cette salle, qui forme un carré oblong, se trouve une superbe estrade où Leurs Majestés sont placées sur des fauteuils, derrière lesquels sont rangées les personnes attachées à leur service. A côté de Leurs Majestés, sont placés les princes et princesses de la maison; et le long des deux côtés de la salle, sont assises les dames, sur des tabourets, derrière lesquels les hommes tâchent de se placer comme ils peuvent. L'orchestre est à l'autre extrémité de la salle, vis-à-vis de l'Empereur, et le concert se réduit, pour l'ordinaire, à quelques morceaux de chant. Le concert fini, commence le ballet, qui est exécuté par les premiers artistes du ballet du grand Opéra, qui se tiennent dans la salle voisine, et qui sortent de-là comme des coulisses, groupés et en attitudes. Malgré que ce ne soient que les premiers talens qui paraissent, ces ballets, vus de si près, font perdre l'illusion qu'on éprouve en les voyant sur le théâtre du grand Opéra, où un éloignement plus considérable des acteurs, joint aux effets de la lumière, font paraître jolie telle figure, qui de près est laide. Le ballet dure à-peu-près une demi-heure, et lorsqu'il finit, toute la cour passe dans la galerie de Diane, où le souper est servi à différentes petites tables rondes, auxquelles les dames se placent, tandis que les hommes restent debout et font cercle autour de l'Empereur, qui se promène par la salle en causant avec les uns ou les autres. Le souper dure, pour l'ordinaire, un bon quart-d'heure, après quoi la cour retourne dans les autres salons, et se retire, ce qui est ordinairement vers minuit et demie où une heure du matin.

Malgré toutes les peines et les fatigues que l'Empereur a essuyées depuis plusieurs années, et malgré que son genre de vie journalier l'assujétisse à un travail non interrompu et à une activité continue, sa santé, néanmoins, s'est infiniment affermie depuis 1797, où je le vis pour la première fois au congrès de Rastadt. A l'exception de quelques heures de sommeil, il n'y a pas un instant ni du jour ni de la nuit, que l'Empereur ne voue aux affaires. N'ayant jamais un moment de relâche, il a fait du travail son délassement ; et, sans cesse occupé, il paraît avoir dompté tous les besoins physiques, et se les être rendus esclaves. Il peut, sans en être fatigué, veiller plusieurs nuits de suite, et dormir à telle heure et jusqu'à telle heure qu'il lui plaît. On l'a vu souvent, pendant des quinze jours ou trois semaines, ne pas quitter d'un instant son bureau, et sortir de-là pour aller à la chasse au cerf ; faire, d'une traite, vingt-cinq lieues à cheval dans sept heures de tems, sans en être fatigué. La chasse au cerf est un des plus grands amusemens de l'Empereur, et convient sur-tout à sa santé. Ses montures favorites sont des chevaux arabes qu'il a amenés d'Egypte, et dont l'allure sûre et leste s'accorde avec la hardiesse étonnante avec laquelle il monte à cheval. Sans compter que dans ses mains reposent les destins politiques de l'Europe, l'Empereur préside lui-même toutes les séances du Conseil d'état, en qui sont réunies toutes les branches de l'administration de ce vaste empire. Il dirige, en outre, le Conseil de la guerre, réunit plusieurs fois par semaine le Conseil des ministres, et assiste aux chapitres de l'ordre de la Légion d'Honneur. Malgré toutes ses occupations, dont l'une ou l'autre séparée serait capable d'absorber tous les momens d'un autre homme que lui, l'Empereur trouve encore des heures à vouer à la littérature, pour se tenir au courant de tout ce qui paraît de nouveau, digne de quelque intérêt.

La garde des Mamelucks ne se trouve point en garnison à Paris, mais dans les environs, et ne paraît plus que rarement à la grande parade. Le Mameluck favori de l'Empereur, nommé Rustan, ne fait point partie de cette garde ; il est attaché au service de la personne même de l'Empereur, qui vient de le nommer valet-de-chambre. Rustan a une bonne figure et une expression de bonhomie qu'on ne trouve guères chez ses compatriotes. Son teint n'est pas fortement basané ; il est gros et gras, et en le voyant, on le croirait plutôt né au pied des Alpes que dans les sables brûlans de l'Egypte. Il accompagne l'Empereur, auquel il est très-attaché, dans toutes les occasions, et porte toujours son costume national. Il vient, dit-on, de se marier depuis peu avec une jolie Parisienne.

Les dimanches, pour l'ordinaire, l'Empereur réunit chez lui, à dîner, la famille impériale ; et ces jours-là, le repas, qui de coutume, ne dure tout au plus que dix à douze minutes, dure un peu plus long-tems. Les membres de sa famille qui se trouvent dans ce moment à Paris, sont, Madame, mère de l'Empereur, qui habite maintenant le palais que possédait jadis le sénateur Lucien Bonaparte; les princesses Murat et Borghèse, sœurs de l'Empereur; la reine de Naples et le prince et la princesse Louis.

Le château des Tuileries, résidence actuelle de l'Empereur, tire son nom d'une tuilerie qui se trouvait anciennement à la place de ce palais, qui doit son origine à Catherine de Médicis, qui le commença en 1564, d'après les dessins de Philibert Delorme. Il fut continué ensuite par Henri IV, et achevé enfin par Louis XIV. Le palais des Tuileries est joint au Louvre, et donne, de ce côté-là, sur le quai de la Seine, en face du ci-devant Pont-Royal. Ce palais a deux façades, l'une du côté du jardin, l'autre du côté de la place du Carrousel, composées de cinq pavillons et de quatre corps de logis sur une même ligne. L'architecture du gros pavillon du milieu, qui est le plus élevé de tous, et au haut duquel flotte le pavillon impérial, est composée des ordres ionique et corinthien. Le vestibule est percé de cinq ouvertures, par lesquelles la vue se porte tout le long du jardin des Tuileries jusqu'au haut des Champs-Elysées. Les colonnes qui ornent ce vestibule sont en marbre brun et roux, et les consoles qui règnent le long d'une partie du bâtiment, tant du côté de la cour que du jardin, sont ornées de quarante-deux bustes en marbre, qui représentent des grands hommes de l'antiquité. Sous les portiques, du côté du jardin, sont dix-huit statues de marbre, revêtues de la toge; et de chaque côté de la porte, on trouve un lion en marbre blanc, appuyé sur un globe. La cour des Tuileries, qui, autrefois, était obstruée par plusieurs bâtimens, est maintenant libre dans toute son étendue, et forme un carré oblong séparé de la place du Carrousel par une grille posée sur un mur à hauteur d'appui.

Cette grille s'ouvre par trois portes, dont la principale se trouve au milieu, ornée par quatre faisceaux d'armes surmonté chacun d'un coq qui a les ailes déployées. Cette porte, néanmoins, sera changée sous peu, l'Empereur voulant y substituer une porte en forme d'arc de triomphe, dont on pose déjà dans ce moment les fondemens, pour consacrer les victoires que ses armées remportèrent l'année dernière en Autriche et en Bohême. Il est à craindre, cependant, que cet arc triomphal, si on lui donne l'élévation nécessaire, ne nuise à la façade du palais, dont il cachera une partie. Sur les plate-formes des deux portes latérales de la grille des Tuileries, on a placé les quatre chevaux de bronze qui ornaient jadis la place Saint-Marc à Venise. Ces chevaux sont un des monumens les plus antiques qui existent ; et malgré toutes les hypothèses qu'on a établies pour prouver leur antiquité, il n'en est pas moins sûr qu'on ignore l'artiste qui en fut le créateur. Ce qui est certain, c'est qu'ils furent transportés d'Egypte en Grèce, et de-là, par les Vénitiens, à Venise, d'où la Victoire les transféra à Paris. Ces chevaux, remarquables déjà par leur antiquité, le sont encore sous le rapport de l'art, par le grand caractère de vérité qu'on y trouve. Ce n'est pas la belle nature que l'artiste a choisi pour modèle, mais il est impossible de pouvoir rendre une copie plus fidèle d'un cheval fort, vigoureux et anatomiquement bien dessiné. Il est dommage, néanmoins, que ces chevaux soient mal placés, puisque les réverbères suspendus à côté d'eux les cachent en partie, et qu'il semble que la manière dont ils sont placés, isolés l'un de l'autre, ne répond point à l'intention de l'artiste, qui probablement les avait destinés pour un quadrige.

La place du Carrousel, qui forme un long carré, est séparée des quais de la Seine par la grande galerie du Louvre, qui l'encadre du côté le moins long du carré, en se joignant au palais des Tuileries. Trois portiques voûtés, sur lesquels repose la galerie du Louvre, forment la communication de la place du Carrousel avec le quai de la Seine, et par le Pont-Royal avec le faubourg Saint-Germain. Comme ce passage est très-fréquenté, et que souvent il est trop étroit à cause de l'affluence de monde qui s'y réunit à la fois, il est ordonné de percer encore quelques portiques de ce genre pour rendre la communication plus facile, et pour augmenter la beauté de cette place, qui déjà, dans ce moment-ci, est presque du double aussi grande qu'elle le fut anciennement, et peut contenir plus de quinze mille hommes.

C'est sur la place du Carrousel que le 10 août 1792, un rassemblement armé, avec des détachemens de Marseillais et de Bretons à la tête, fit le siège du château des Tuileries, qui fut entouré de tous les côtés. Les gardes suisses, ainsi qu'une partie de la garde nationale de Paris, défendirent pendant long-tems ce château contre une force bien supérieure, qui enfin l'emporta. L'enceinte des Tuileries fut le champ de bataille où, après cette victoire, la populace se livra aux plus exécrables excès, et où l'on massacra la majeure partie des gardes suisses et nombre d'autres personnes qui s'étaient jointes à eux pour la défense de la famille royale, qui n'eut que le tems de se réfugier dans le sein de l'Assemblée législative. Depuis cette époque, la Convention nationale siégea au palais des Tuileries, qui, à différentes reprises encore, fut investi par des insurrections populaires, et ce n'est enfin que depuis que l'hydre révolutionnaire a été entièrement écrasée, que ce palais est rendu à sa destination primitive, celle de former la résidence des souverains de la France.

LETTRE VIIe.

Paris, ce 2 avril 1806.

Nous avons, depuis quelques jours, un tems superbe, et depuis nombre d'années, le premier printems vraiment agréable ; c'est-à-dire, le premier printems qui se trouve à sa place comme intermédiaire entre les froids rigoureux de l'hiver et les chaleurs brûlantes de l'été ; aussi j'en jouis à satiété, et profite, avec empressement, de chaque rayon d'un beau soleil pour faire des courses dans la ville de Paris, qui n'est jamais plus belle que dans cette saison, où les rues, presque toujours sales, commencent à sécher un peu, sans qu'on soit encore incommodé de l'horrible chaleur qu'on éprouve en été, quand un soleil ardent a, pendant quelque tems de suite, échauffé les rues étroites et les hautes maisons de la-ville, et que desséchant les égoûts, il infecte l'air d'une odeur fétide. C'est de même dans ce moment, que Paris offre la jouissance de toutes les primeurs d'une saison plus avancée. La violette printanière, le muguet, la rose, vous sont offertes à chaque pas par des bouquetières qui ne vous laissent de repos que jusqu'à ce que vous ayez contribué au débit de leur marchandise, qui, entassée dans de grandes corbeilles, embaume l'air d'un parfum délicieux.

Paris, dit-on, a été beaucoup embelli depuis une dixaine d'années, et sur-tout, depuis que les rênes du gouvernement se trouvent entre les mains de l'Empereur. C'est à lui qu'on doit l'existence du beau quai Bonaparte, sur la rive gauche de la Seine, entre le Pont-Royal et celui de la Concorde; la nouvelle rue de Rivoli, qui forme le parallèle avec le jardin des Tuileries et la rue Saint-Honoré; les beaux ponts déjà construits, et ceux projetés, qu'on va encore construire sur la Seine, de même que la promenade des nouveaux boulevards, près du jardin des Plantes; la nouvelle place devant l'église de Saint-Sulpice; la restauration déjà commencée du palais du Louvre, et les changemens projetés pour l'embellissement de la place Vendôme, du côté de la rue des Petits-Champs, en perçant une rue, qui, de cette place, mène directement aux boulevards. Il est vraiment surprenant de voir la célérité avec laquelle à la fois on bâtit et démolit à Paris. La démolition du plus grand hôtel est tout au plus l'affaire de quatre ou cinq jours, et dans six ou huit semaines on voit s'élever une maison en pierres de taille, au point de pouvoir la mettre sous toit. Il est de fait que la nature de la pierre de bâtisse dont on se sert à Paris, et qu'on tire des carrières des environs de la ville, facilite infiniment les progrès de la construction, puisque cette pierre, qui est de grès très-friable, est facile à scier et à tailler. Sa couleur est d'un jaune clair, qui cependant ne résiste guères aux injures du tems, et qui prend facilement une teinte grisâtre très-foncée.

Je viens de faire une course intéressante, en remontant les quais de la Seine depuis le pont des Tuileries jusqu'au pont des Arts, vis-à-vis du nouveau Louvre et du collége Mazarin, qui, actuellement, est nommé palais des Arts. Ce pont, qui a été achevé en 1804, repose sur neuf arches en fer, soutenues par des piles et culées en pierres; c'est le premier pont de ce genre, en France, construit d'après les mêmes principes que l'ancien pont du Rhin à Schaffhouse. Ce pont ne sert qu'aux gens de pied. Il est orné, pendant la belle saison, d'orangers et d'un grand nombre de fleurs les plus rares, et sert de lieu de promenade, qui sur-tout, dans les belles soirées d'été, est fort agréable, puisqu'on y trouve une quantité de promeneurs, des chaises à louer, un limonadier et de la musique. Au milieu du pont, se trouve, de chaque côté, une serre vitrée, dans laquelle sont des gradins chargés de toutes sortes de fleurs et d'arbustes étrangers, disposés avec goût et élégance. Toutes les nuits, il est éclairé par un certain nombre de réverbères.

Ce pont a été construit aux frais d'une société particulière, qui en a formé l'entreprise, et qui a obtenu du gouvernement, pour vingt ans, la permission d'un droit de péage d'un sou pour chaque passant. Il est si fréquenté, qu'il y a eu des jours auxquels la recette s'est montée à plus de onze cents francs ; et dans ce moment déjà, où il n'est achevé cependant que depuis deux ans, les actionnaires retirent déjà vingt pour cent d'intérêts des capitaux qu'ils ont employés à sa construction.

Le quai qui longe la façade du Louvre jusqu'au pont des Arts, et qui de-là s'étend jusqu'au Pont-au-Change, est très-large et toujours rempli de monde ; il offre un tableau mouvant et perpétuel d'allans et de venans, de voitures, de cabriolets, de charrettes, et de gens à cheval et à pied. Comme on est occupé, en ce moment, de la restauration de la façade du Louvre, ce quai est encombré, du côté de ce palais, de masses de pierres de taille qui servent, en attendant qu'on les emploie, de tables et de local aux petits merciers, qui vont y étaler leurs marchandises, de même que sur les marches du trottoir, du côté de la rivière. Rien de plus plaisant que ce coup-d'œil, et rien de plus intéressant que d'observer tous les moyens d'industrie que ces gens emploient pour débiter leurs marchandises. C'est vers les six ou sept heures du matin que, dans la belle saison, ces merciers viennent s'établir sur les quais ; on y trouve des marchands d'allumettes, de cannes, de livres, de vieilles guenilles, qu'on invite les passans à acheter. J'ai remarqué, dans le nombre de ces petits marchands, un individu qui me divertit chaque fois que je le rencontre. Son magasin, qu'il étale sur le pavé, consiste en un vieux lambeau d'une haute-lisse, en quelques pots de chambre de fayence cassés, en quelques paires de vieilles savattes, en une lanterne toute démantibulée, et en quelques vieux chapeaux rapés et troués ; le maître, lui-même, couvert de haillons, se promène avec un air d'importance, et les bras croisés, devant sa boutique, en s'égosillant à force d'inviter les passans à faire des emplettes chez lui. Un tel marchand ne trouve-t-il pas de débit à la place où il s'est établi, et croit-il qu'à un autre coin de rue il puisse mieux faire ses affaires, il plie aussitôt sac et bagage, et va prendre poste ailleurs. Ce tableau est encore varié par un certain genre de restaurateurs, qu'on voit de même sur ces quais, et dont l'établissement portatif consiste en un chaudron dans lequel on met des tripes, des andouilles et des boudins, tandis que d'autres étalent sur une petite table quelques bouteilles de cidre et de rogomme pour attirer les friands.

Les plus huppés de ces merciers ou mercières, attachent, pour se mettre à l'abri des injures du tems, un parapluie, soit à la table sur laquelle leurs marchandises sont exposées, soit à la chaise sur laquelle ils sont assis à côté, mesure de précaution qui, au fort de l'été, les garantit aussi de l'ardeur des rayons du soleil.

L'on rencontre sur ces quais, qui, depuis les dix heures du matin jusques vers les cinq heures du soir, sont encombrés par la foule, une quantité de chanteurs en foire, qui, dans le costume de Pierrot, montent sur une petite table ou sur une chaise qu'ils portent avec eux, pour chanter des chansons dont ils tâchent de débiter les imprimés. Outre ce genre de divertissement, on y trouve encore des optiques portatifs, Polichinel, qui, placé sur sa petite chaise, fait toutes sortes de facéties; des sauteurs, des joueurs de gobelets, et enfin un homme d'un certain âge, qui dit la bonne aventure, et que j'ai rencontré quelquefois sur les boulevards. Cet homme, qui est aveugle, ou qui au moins le joue au grand naturel, est toujours accompagné par une vieille femme qui porte une pendule à carillon, une petite table, ainsi qu'un jeu de cartes et un petit livre, moyennant lequel il dit la bonne aventure aux curieux qu'il attire par un beau discours très-pathétique, qui roule sur la profondeur des sciences occultes, ainsi que sur le don de la prédiction. Ce beau discours, qu'il déclame avec une gravité et un sérieux étonnant, est absolument dans le genre du plaidoyer de Petit-Jean, lorsqu'il comparaît, comme avocat, devant maître Dandin. Tous les jours, ces différens genres de divertissemens se répètent, et tous les jours on rencontre des attroupemens de peuple pour les admirer, ce qui n'est pas étonnant, puisque le peuple de Paris, qui est badaud à l'excès, s'arrête et s'attroupe pour le moindre sujet, et que rien n'est aussi facile que de le duper pour rire à ses dépens.

Au-delà du pont des Arts, en remontant la Seine, on vient au Pont-Neuf, le plus grand, le plus beau et le plus passager des ponts de Paris. Il fut commencé sous le règne de Henri III, et achevé par Henri IV, dont la statue équestre se trouvait placée dans le petit espace carré qui fait saillie hors du pont, et qui prit le nom de place de Henri IV. Cette statue, qui avait été élevée en 1614, fut renversée en 1792, et remplacée par le canon d'alarme. Ce pont, qui se trouve presque au centre de la ville, forme une des communications principales entre les deux rives de la Seine, et mène au quartier de la Cité, qui est bâtie sur une île, dans la Seine, dont la pointe la plus avancée partage le Pont-Neuf en deux parties. Le Pont-Neuf est, comme tous les autres ponts de Paris, construit en pierres de taille, et repose sur douze arches. Le milieu du pont est destiné aux voitures, et des deux côtés il y a des trottoirs d'un pied d'élévation pour les gens de pied, garnis d'accoudoirs ou garde-fous en pierres, avec des demi-lunes saillantes sur les piles. Au milieu du pont, vis-à-vis de l'entrée de la Cité, se trouve maintenant, sur la saillie qui contenait la statue de Henri IV, un très-beau café et un jardin ; à côté est un corps-de-garde, et au bas du terre-plein, sont des bains sur la rivière.

L'on remarque sur la seconde arche du Pont-Neuf, du côté du Louvre, un petit bâtiment nommé la Samaritaine, qui renferme une machine hydraulique et un horloge à carillon, et qui, anciennement, avait le titre de château royal. Il sert de logement à celui qui a soin de la pompe qui élève l'eau de la Seine pour la distribuer aux fontaines publiques du Louvre, du jardin des Tuileries et des quartiers voisins.

Du Pont-Neuf, je me rendis à la place Desaix, ci-devant place Dauphine, dans le quartier de la Cité, où se trouve le monument que les amis de ce fameux général lui ont fait ériger, et qui fait face au terre-plein du Pont-Neuf, où était placée la statue de Henri IV. Ce monument, qui est orné d'une fontaine, représente la France militaire couronnant la figure thermale du général Desaix.

Sur les quatre faces du piédestal, se trouvent plusieurs inscriptions et bas-reliefs qui immortalisent les différentes actions éclatantes qui, à si juste titre, ont acquis à Desaix les lauriers du héros; et dessous, se trouvent inscrits les noms des souscripteurs. Les maisons qui entourent cette place sont toutes de structure uniforme, et font face, de chaque côté, à deux quais; savoir, celui de l'Horloge et celui des Orfèvres, où se trouvent les plus grands magasins d'orfévrerie et bijouterie.

Je ne pus jamais aller dans la Cité, sans me croire transporté à cent lieues de Paris; effectivement on y trouve un genre de vie et un ton absolument différens de celui des autres quartiers de la ville. Les habitans de la Cité ne sont, en majeure partie, que des négocians, marchands et ouvriers, dont la manière de s'habiller et le genre de vie répondent parfaitement à leur état, et qui ne vivant que de leur travail et de leur industrie, sont trop bons économes pour se livrer au goût des plaisirs et de la dépense, qui est l'apanage du reste des habitans de Paris. On ne trouve dans l'enceinte de ce vaste quartier, que peu d'endroits de réunion publique, et qu'une seule salle de spectacle, mais qui est fermée, parce qu'une troupe stable ne peut s'y soutenir, et dont on ne se sert que tous les quinze jours, quand la troupe du théâtre de la porte Saint-Martin vient, par esprit de spéculation, y donner une représentation. L'usage généralement adopté à Paris, de faire de la nuit le jour, et du jour la nuit, n'est point connu des habitans de ce quartier. A onze heures de la nuit, ou onze heures et demie au plus tard, tout le monde est rentré chez soi, et les rues sont vides et solitaires. On trouve encore dans cette partie de la ville, ces usages antiques, cette simplicité de mœurs, cette retenue et cette bonhomie qui caractérisent pour l'ordinaire les villes commerçantes du second rang, merveille d'autant plus étonnante, que la Cité forme le centre de Paris, et qu'elle ressemble par conséquent à un noyau conservé intact au milieu de la corruption qui a envahi son écorce.

Le quartier de la Cité est proprement le berceau de la ville de Paris, cette ancienne Lutèce dont parle César, et dont l'empereur Julien se rappelait avec plaisir.

Je ne vous entretiendrai pas de l'étymologie de noms de Lutèce et de Paris, ni des discussions scientifiques qui ont eu lieu à cet égard, car vous ne me pardonneriez jamais de perdre mon tems à rapporter d'anciennes hypothèses, tandis que vous desirez être instruit de faits plus modernes et plus intéressans.

De la Cité, on arrive, par un pont de communication, à l'île Saint-Louis. Ce quartier de Paris ne contient que des rues tirées au cordeau, quelques beaux hôtels, des belles maisons et des quais en pierres de taille. Les habitans ne sont, en majeure partie, que des rentiers, qui, retirés du monde et voulant éviter la rumeur des autres quartiers de la ville, ont choisi cette demeure paisible et tranquille, dont le silence n'est guères troublé. L'île St.-Louis, dont les rues sont tellement dépeuplées qu'on y voit croître de l'herbe, et dont toutes les maisons sont soigneusement fermées à clef, est une apparition si étrange au milieu du tourbillon de Paris, qu'on a peine à y croire, si on ne s'en persuade soi-même. Tout auprès se trouve la petite île Louviers, qui n'est point habitée, mais qui contient des chantiers considérables.

Un des quais les plus fréquentés sur la rive droite de la Seine, est celui de la Mégisserie, connu vulgairement sous le nom de quai de la Ferraille, ainsi nommé des vieux fers qu'on y vend. Ce quai, qui se trouve entre le Pont-Neuf et le Pont-au-Change, est toujours rempli d'une foule de monde, et renommé pour la vente des fleurs, des plantes et des oiseaux. La plupart des oiseleurs nous offrent une ménagerie complète, formée par des oiseaux, des singes et des chiens de toute espèce, dont les cris discords, mariés à ceux des colporteurs, des revendeuses et des passans qui se heurtent et se poussent, forment l'harmonie la plus bizarre du monde. Pour l'ordinaire, ce quai offre toujours aux oisifs quelqu'objet de curiosité : ce sont des bêtes sauvages, ou des figures en cire, ou quelqu'autre chose de ce genre, que des crieurs à gages, au détriment de leurs poumons, invitent les passans à aller voir. Le Pont-au-Change, qui aboutit au quai de la Ferraille, est très-large, et tient son nom des changeurs qui y demeuraient anciennement, dans le tems où ce pont, qui a été rebâti depuis en pierre, était encore en bois.

J'ai dîné ces jours-ci chez le prince Cambacérès, archi-chancelier de l'Empire, antérieurement second consul de la république française, chez lequel on trouve la meilleure chère de Paris, et qui fait très-bien les honneurs de sa maison. C'est un homme d'un certain âge, d'une expression de physionomie spirituelle, qui, avant la révolution, était un jurisconsulte célèbre. Après le dîner, il reçut compagnie, et, me glissant à travers la foule qui remplissait tous les appartemens, je fus au théâtre Feydeau, où l'on donnait une représentation de *Richard-Cœur-de-Lion*, pièce ancienne à la vérité, mais dont les représentations furent interrompues en 1791, pour mettre fin aux scènes sanglantes que cette pièce occasionna si souvent à cette époque, où l'effervescence d'opinions absolument opposées, saisissait le moindre point de contact pour se donner assaut. Depuis peu seulement, cette pièce, qui n'offre plus maintenant d'allusion directe, a reparu sur la scène, où elle a été reçue avec cet enthousiasme qui est l'apanage du caractère français.

Grétry, le bon Grétry, le compositeur favori de l'Opéra-Comique français, a assisté dernièrement à une des représentations de cette charmante pièce, et a joui, avec un nouveau plaisir, du succès de sa composition, ainsi que du favorable accueil du public. Presque ruiné par la révolution, Grétry a acquis la petite maison que Rousseau occupait à Montmorency ; il y passe la belle saison, et, en véritable philosophe, il ne vit que pour les arts, la nature et sa famille.

Elleviou, qui joua avec sentiment et expression le rôle de Blondel, fut applaudi à tout rompre en chantant l'air favori de la pièce, « O Richard ! » ô mon roi ! » Mme Saint-Aubin, qui, depuis peu de jours seulement, vient de quitter la scène, et qui ne joue plus que par complaisance, avait pris le rôle de la jeune personne, et s'en acquitta dans la plus grande perfection. Le rôle d'Antonio fut rendu par Mme Gavaudan, avec une vérité et une ingénuité étonnantes.

Le théâtre Feydeau, ou le théâtre impérial de l'Opéra - Comique, est, sous tous les rapports, un des meilleurs spectacles de Paris. La salle est belle et bien décorée; et l'orchestre, composé des artistes les plus distingués, est, sans contredit, le premier de Paris, tant sous le rapport de l'ensemble que sous celui de l'exécution. Grasset, que vous avez appris à connaître en Allemagne pendant le voyage qu'il y fit en 1797, est le premier violon, et Frédéric, l'élève du célèbre Punto, qu'il surpasse encore pour la douceur et la variété des sons, est le premier cor.

Mme St.-Aubin, qui a remplacé

Mme Dugazon, est réellement une actrice consommée ; elle a tant de grâces, tant d'expression dans sa physionomie, et tant de naturel dans son jeu, qu'on oublie aisément qu'elle n'est plus à la fleur de l'âge, et qu'on redoute sa retraite du théâtre pour ce spectacle, qui n'a aucun sujet capable de la remplacer.

Malgré tout le plaisir que j'éprouve à voir Mme Saint-Aubin, je ne puis, néanmoins, m'empêcher de regretter Mme Dugazon, qui réunissait à une figure charmante, que son embonpoint même ne déparait pas, ce que l'art et les talens peuvent offrir de plus parfait. Jamais, non, jamais, on ne pourra rendre le rôle de Nina avec autant de perfection. Mme Saint-Huberti, à qui je l'avais vu jouer en province, m'a fait pleurer, mais Mme Dugazon a tari mes larmes en me glaçant d'effroi.

Elleviou, le favori des dames, est un des acteurs les plus distingués du théâtre Feydeau ; il est bel homme, et un des chanteurs les plus agréables de Paris. Il excelle sur-tout dans l'exécution de ce genre de musique légère qui caractérise le petit opéra français. Elleviou est parfait dans les rôles d'amoureux et de petits-maîtres, mais il ne réussit pas aussi bien dans les rôles à sentiment ou dans ceux qui demandent de la noblesse et de la fierté, genre de rôles qui sont du ressort de Gavaudan. Martin, célèbre par sa belle voix et par une bonne méthode qu'il a puisée dans l'école italienne; Baptiste, acteur charmant, et Chenard, une des premières basses-tailles de Paris, sont, tous les trois, attachés à ce théâtre, où j'ai vu, il y a quelques jours, une première représentation de *Sargines*, ou l'Elève de l'Amour, pièce de Monvel, mise en musique par Daleyrac, qui, depuis la révolution, n'avait plus paru sur la scène. Mademoiselle Pingenet y fit le rôle de Sophie avec cette noblesse et cette expression de sensibilité dont il est susceptible, et Chenard joua celui du vieux paysan de manière à enlever tous les suffrages.

Un agrément qu'on trouve dans tous les théâtres de Paris, et même dans les petits théâtres des boulevards, est celui de rencontrer dans chaque salle de spectacle des foyers arrangés avec goût, et même quelquefois avec élégance, où l'on peut se chauffer en hiver, ou prendre l'air en été. Près des foyers, on trouve des limonadiers, de même que des petites boutiques de librairie, dans lesquelles on peut acheter toutes les pièces qu'on donne au théâtre dans lequel elle sont établies.

Un usage commun à tous les théâtres de Paris, et qui, selon moi, devient à la longue insupportable, est que, dans les entr'actes, toute la salle est investie par une foule de garçons limonadiers qui parcourent les loges, les galeries, le parquet et le parterre, et offrent avec une intonation de voix tout-à-fait particulière, des rafraîchissemens, tels que, *orgeat*, *limonade*, *glacés*; mais comme ils abrègent pour l'ordinaire le mot *orgeat*, et qu'ils n'en prononcent que la première syllabe, dont ils changent même l'*o* en *a*, leur cri habituel est, *arg*, *limonade* et *glaces*, etc., ce qui, pour un Allemand, peut facilement donner lieu à des méprises. Outre ces limonadiers, il y a encore des petits garçons à voix criarde, qui, dans ce moment là parcourent la salle, soit pour offrir les pièces imprimées que l'on joue, ou le Journal de l'Empire ou celui du soir. Ce qu'il y a de plaisant, c'est que des personnes, qui depuis trente à quarante ans fréquentent les spectacles de Paris, m'ont assuré que l'intonation de voix de ces crieurs n'a jamais varié, et qu'elle est toujours la même.

J'ai vu ces jours derniers, à un dîner chez M. de Marescalchi, ministre des relations extérieures du royaume d'Italie, une seconde Ninon de Lenclos; c'est Mme Visconti de Milan. Cette femme, qui brille autant par son esprit que par son amabilité, approche, dit-on, de la cinquantaine, et est, malgré cela encore, une des plus belles femmes de Paris, où chaque jour elle fait naître de nouvelles passions. Elle est grande et bien faite, a un port superbe, et c'est l'idéal le plus parfait de la mère des dieux. Comme compatriote du ministre, elle aidait à faire les honneurs de sa table, qui est une des plus recherchées de la capitale.

Le bon Chérubini, le compositeur de la musique du *Comte Armand* ou des *Deux Journées*, est de retour à Paris d'un voyage qu'il fit il y a plus d'un an à Vienne, où il fut reçu avec cet enthousiasme que lui méritent ses talens, que les compatriotes contemporains de Haydn et de Mozart sont à même d'apprécier. Chérubini, qui est un homme aussi modeste qu'intéressant, a donné depuis le Comte Armand, différens opéras, mais qui, en butte aux cabales, n'ont pas eu le succès qu'ils méritaient. Il est occupé, en ce moment, à composer un nouvel opéra pour le théâtre Feydeau, auquel toutes ses pièces furent dédiées. Mais le sommeil qui me surprend, tout en vous écrivant, m'annonce qu'il est tems de terminer cette épître, que je finis en vous parlant d'une des plus belles femmes et d'un des meilleurs compositeurs de Paris. Puissent ces deux objets, par suite ordinaire de l'enchaînement des idées, embellir votre imagination, et en vous berçant d'agréables songes, vous retracer les plaisirs de l'amour et les délices de l'harmonie !

LETTRE VIIIe.

Paris, ce 6 avril 1806.

Des courses multipliées au Musée Napoléon me mettent enfin en état de vous parler, avec quelque détail, de la collection des antiques; mais avant de pénétrer dans ce sanctuaire des arts, je veux au moins vous donner une légère esquisse du palais qui le renferme. Ce vaste palais est celui du Louvre, qui, commencé sous le règne de Philippe Auguste, et achevé par Henri IV, est remarquable sous le rapport de différens faits historiques.

Ce fut du Louvre qu'émana l'ordre des massacres de la St.-Barthélemi, et ce fut d'un des balcons de ce palais que le fanatique Charles IX tirait sur les Huguenots qui passaient, à la nage, la rivière, pour se sauver au faubourg Saint-Germain. Mais trève à toute réflexion sur des faits que des siècles ont déjà recouverts de leur voile épais, pour ne pas réveiller le souvenir d'évènemens plus récens, qui, en plongeant la France dans le deuil, firent de Paris un vaste cimetière, et pendant plusieurs années, n'offrirent, à l'Europe étonnée, que des scènes de sang et de carnage.

La grande galerie du vieux Louvre, qui fait face à la Seine, s'étend depuis le palais des Tuileries jusqu'à celui du nouveau Louvre, dont on doit l'existence à Louis XIV, qui le fit construire sous la direction de Colbert, par Louis Le Vau, célèbre architecte. La façade de ce palais, du côté de l'église Saint-Germain-l'Auxerrois, fut exécutée sur les dessins de Claude Perrault, premier médecin du roi, et on la considère comme un chef-d'œuvre d'architecture. Cette façade, qui a six cent quatre-vingt-sept toises de longueur, est divisée en deux péristiles et trois avant-corps. La principale porte est dans l'avant-corps du milieu, qui est décoré de huit colonnes accouplées et couronnées d'un fronton, tandis que les deux autres avant-corps sont ornés de six pilastres et de colonnes : le tout est terminé par une balustrade dont les piédestaux doivent servir à placer des trophées entremêlés de vases. Cette colonnade, connue sous le nom par excellence de la Colonnade du Louvre, rivalise bien certainement avec les plus beaux morceaux d'architecture que l'antiquité nous a transmis. Rien n'égale la grandeur et la noble simplicité qui caractérise ce chef-d'œuvre imposant, qu'on ne se lasse point d'admirer, et qu'on ne peut quitter sans s'être pénétré d'enthousiasme.

Le plan du Louvre est un carré parfait, entouré de quatre corps de bâtimens décorés de trois ordres d'architecture l'un sur l'autre, et dont les avant-corps sont portés sur des colonnes. Au milieu est une grande cour carrée, percée dans ses quatre faces de portiques enrichis aussi de colonnes. Cette cour est encombrée, pour le moment, de pierres de taille, parce que l'Empereur fait restaurer le palais qui, depuis longues années, avait été négligé, et qui doit être, dit-on, voué exclusivement aux arts et aux sciences, et dans lequel, outre le Musée de Sculpture, celui de Peinture, la collection des médailles, et l'Institut national, qu'il renferme déjà, on établira encore la grande Bibliothèque impériale.

L'entrée du Musée Napoléon se trouve sur la place du Louvre. Le premier étage de ce palais renferme la galerie des tableaux et la salle des dessins; le rez-de-chaussée contient les statues et monumens antiques. Cette superbe collection réunit les ouvrages les plus célèbres de Rome et de l'ancienne Grèce ; elle est répartie dans huit salles qui se suivent, décorées avec autant de goût que de richesse.

Le plafond de la première salle, qui forme le vestibule, est peint par Barthélemy; il représente l'origine de la sculpture, ou l'homme formé par Prométhée, et animé par Minerve en présence des Parques; et les médaillons, aux quatre coins du plafond, font allusion aux quatre écoles de sculpture. Des deux côtés de la grande porte d'entrée, se trouvent deux colonnes en marbre oriental, d'une brèche superbe, qu'on nomme *braccia traccagnina*, à cause de la grande variété de ses taches.

Les objets de l'art les plus remarquables, dans cette salle, sont:

Deux sièges en marbre, dont l'un est consacré à Cérès et l'autre à Bacchus, tirés tous deux du Musée du Vatican;

Des bustes de grandeur colossale, d'une Minerve, d'un Sérapis, d'un

Esculape et de quelques empereurs romains;

Et enfin, une Diane en habit de chasseresse, une des plus belles statues de cette déesse que l'antiquité nous ait fournies. Elle est en marbre de Paros, et se trouvait déjà, sous le règne de Henri IV, en France. Plusieurs artistes et connaisseurs veulent prouver que cette statue est faite par le même artiste qui a exécuté celle de l'Apollon du Belvédère, supposition qui, néanmoins, est contestée d'autre part. Quoiqu'il en soit, cette statue peut toujours être classée dans le nombre des meilleurs ouvrages de l'antiquité.

Le plafond de la seconde salle, ou Salle des Empereurs, représente la Terre recevant des empereurs le code des lois romaines. Cette salle contient quatre colonnes d'une grande beauté, dont deux d'albâtre fleuri, riche en couleurs; une troisième d'albâtre à veines, et la quatrième d'un albâtre très-rare, connu sous le nom de fleur de pêcher. L'on remarque encore, outre les bustes et statues de plusieurs empereurs romains, un trépied du Capitole en marbre pentélique, d'un seul bloc, destiné, selon toute apparence, à servir de fontaine, orné de figures de Néréïdes, de monstres marins et de rinceaux de vigne, d'un très-beau style;

Une statue colossale de Minerve, connue sous le nom de Pallas de Velletri, en marbre de Paros, remarquable par la riche draperie de sa tunique, qui retombe en grands plis jusqu'à ses pieds;

Deux sarcophages, l'un en marbre de Paros, qui représente les Néréïdes; l'autre en marbre pentélique, qui représente les Muses.

Les peintures du plafond de la troisième salle, ou Salle des Saisons, représentent différens sujets tirés de l'histoire d'Apollon et de Diane, et autres analogues aux saisons. On voit dans cette salle, à côté de l'entrée, deux colonnes en granit gris, de l'île d'Elbe, connu à Rome sous le nom de *granitello*. L'une de ces colonnes est surmontée d'un épervier égyptien, coiffé d'une tiare, et l'autre, d'un cercopithèque accroupi, d'un granit rare. Outre une quantité considérable de statues, bustes et bas-reliefs des beaux tems de l'antiquité, on y remarque encore les objets suivans :

Un bas-relief nommé Panathénées, qui faisait partie de la frise extérieure du temple de Minerve à Athènes, dit le Parthenon; il représente le moment où la procession solennelle, qui avait lieu à l'occasion de la fête des Panathénées, va se mettre en marche. Ce monument, qui est sur-tout précieux pour la beauté du style, est, dit-on, de Phidias, qui doit en avoir fourni le dessin et surveillé l'exécution ;

Un jeune Faune, remarquable par la grâce répandue sur toute sa figure. Il est appuyé sur un tronc d'arbre, tenant une flûte en main, et couvert de la nébride, qui tombe en écharpe sur ses épaules. Cette statue est tirée du Musée du Capitole, où Benoît XIV l'avait fait placer.

Une Vénus sortant du bain, au moment où elle est occupée à se parfumer; statue qui est remplie de grâces.

Une Ariane couchée, drapée d'une tunique à demi détachée, et d'un voile négligemment jeté sur sa tête.

Une jeune Flore couronnée de fleurs, et le fragment d'un Amour.

Dans la quatrième salle, ou celle des Hommes illustres, le plafond offre trois tableaux allégoriques aux arts, à la paix et au commerce. Cette salle est ornée de huit colonnes en granit gris, tirées du vieux dôme d'Aix-la-Chapelle. Les statues les plus remarquables dans cette salle, sont:

Celle d'un Philosophe grec, qu'on suppose être Zénon.

Celle de Démosthènes, assis et couvert d'un simple manteau, développant un volume, et absorbé dans ses méditations.

Celle d'un guerrier, qu'on présume être Phocion; celles des deux favoris de Thalie, Ménandre et Posidippe; celles enfin de Trajan et de Sextus de Chéronée.

Le plafond de la cinquième salle, ou Salle des Romains, représente la Poésie et l'Histoire célébrant les succès de Bellone; quatre autres tableaux offrent des sujets tirés de l'histoire romaine. Deux colonnes ornent le passage de cette salle à celle de Laocoon; elles sont en porphyre vert, de la plus belle qualité, et surmontées de deux petites statues égyptiennes en bazalte, couvertes d'hiéroglyphes. On distingue, dans cette salle, principalement les objets suivans :

Une Cérès en marbre de Paros, que d'autres prétendent être la muse Clio, remarquable sur-tout par la délicatesse et la finesse de l'exécution des draperies.

Un buste en bronze, de Brutus, dit l'ancien, d'un travail excellent et d'un grand caractère de vérité.

Le buste d'un jeune Faune riant, qui se distingue par un fini précieux et une touche moelleuse, jointe à l'expression la plus ingénue.

Un fragment d'une statue colossale d'Hercule, connu sous le nom du fameux Torso du Belvédère, qui n'offre plus qu'un tronc privé de la tête, des bras et des jambes. Cette statue était assise sur un rocher, sur lequel est jetée la peau de lion, qui ne laisse plus aucun doute sur son véritable sujet. L'artiste auquel ce beau reste doit son existence, est Apollonius, fils de Nestor, d'Athènes, qui a vécu peu de tems après Alexandre le Grand. Ce monument doit avoir été cruellement maltraité, puisqu'outre sa mutilation, la polissure même de sa surface a beaucoup souffert. Le célèbre

Winkelmann place ce fragment au premier rang des antiques qui existent. On ne saurait cependant apprécier le grand degré de perfection qui le caractérise, si l'on n'est artiste soi-même, ou au moins connaisseur très-expérimenté.

Un Antinoüs, dit l'Antinoüs du Capitole, en marbre de Luni. Il est représenté ayant à peine atteint l'âge de la puberté; sa tête est penchée vers la terre, et son regard porte l'empreinte d'une tristesse profonde.

Un Guerrier blessé, connu vulgairement sous la dénomination du Gladiateur mourant. Le sang ruisselle de sa blessure, son visage est couvert des ombres de la mort, ses yeux sont prêts à se fermer pour toujours; on croit voir l'incarnat de ses lèvres pâlir, une froide sueur semble se figer sur son front, et son corps paraît agité par les dernières convulsions de l'agonie. Cette statue, qui est tirée du Musée du Capitole, où Clément XII l'avait fait placer, est un des chef-d'œuvres de l'art. On ne peut rien voir de plus parfait que cet antique, qui étonne par son grand caractère de vérité.

La sixième salle est nommée la Salle du Laocoon ; son plafond est orné de différentes peintures qui représentent des sujets analogues à la religion, ainsi que différentes allégories qui ont rapport à la gloire des armes françaises. Cette salle est décorée par huit colonnes, dont quatre, en porphyre rouge, se trouvaient jadis dans la ville Albani, et les quatre autres, en vert antique, plus fortes que les premières, étaient placées dans l'église de Montmorency, employées au Mausolée du connétable Anne de Montmorency. Deux de ces colonnes sont surmontées de figures égyptiennes en bazalte. Les monumens les plus remarquables dans cette salle, sont :

Le groupe de Laocoon. Ce malheureux prêtre d'Apollon est représenté au moment où lui et ses fils, en sacrifiant à Neptune, sont assaillis par deux énormes serpens, qui se replient autour de son corps, enlacent ses membres et ceux de ses fils, les serrent dans leurs nœuds, et les déchirent de leurs dents venimeuses, malgré tous les efforts qu'il fait pour se dégager. Ce malheureux père, le désespoir peint dans son regard, tombe avec ses fils sur l'autel de Neptune, où il expire. Ce groupe fut trouvé en 1506, à Rome, sous le pontificat de Jules II, sur le mont Esquilin, dans les ruines du palais de Titus. Pline, qui, dans son ouvrage, en parle avec admiration, attribue l'exécution de ce monument à trois sculpteurs Rhodiens, qu'il nomme Agésandre, Polydore et Athénodore, dont on ne peut cependant déterminer au juste l'époque à laquelle ils existaient. Ce groupe précieux, dont Winkelmann donne une description aussi intéressante que détaillée, dans ses Monumens inédits, est composé de cinq blocs en marbre si artistement réunis, que pendant bien du tems on a cru qu'il n'était que d'un seul.

Une Amazone vêtue d'une tunique, retroussée sur les hanches, et laissant à découvert le sein gauche. Elle est dans l'action de tendre un grand arc, dont elle tenait le bout supérieur de la main droite, et l'inférieur de la main gauche. Elle est en marbre de Paros, et tirée du Musée du Vatican.

Un charmant Bacchus en marbre pentélique, tiré du Capitole.

Un Ministre de Mithra, connu sous le nom de Pâris, tiré du Musée du Vatican, et remarquable par le goût et la belle exécution de ses draperies.

Un buste colossal de Jupiter, tiré du Musée du Vatican, et trouvé à Otricoli. Cette tête est d'un effet admirable par l'empreinte de grandeur et de majesté qu'elle porte; c'est l'idéal le plus parfait que l'art ait produit du père des dieux.

Un Méléagre, tiré du Musée du Vatican. Il n'a pour vêtement qu'une simple chlamyde attachée sur ses épaules. La hure du redoutable sanglier, qu'il a tué, est à son côté, et près de lui est assis son chien fidèle. Ce groupe, qui est d'un marbre grec un peu cendré, est regardé comme un chef-d'œuvre de sculpture.

Un Discobole en repos, en marbre pentélique, tiré du Musée du Vatican. Il est nu et debout, et tient dans sa main gauche le disque, tandis qu'il paraît mesurer d'un œil attentif l'espace qu'il va lui faire parcourir.

Un groupe charmant en marbre de Paros, tiré du Musée du Vatican, représentant l'Amour et Psyché, dont les deux figures sont ailées.

Le Tireur d'épine, en bronze, d'un travail et d'un fini précieux. Il est assis, et semble occupé à tirer une épine de son pied gauche.

Une Vénus, connue par excellence sous le nom de Vénus de Médicis.

Cette statue est effectivement le chef-d'œuvre de l'art, et l'on pardonnerait à Cléomènes d'Athènes, fils d'Apollodore, auquel on l'attribue, si, nouveau Pygmalion, il fût devenu amoureux de son ouvrage. La beauté virginale, la pudeur, les grâces, les formes les plus tendres et les plus délicates, réunies à-la-fois dans cette admirable figure, font une impression qu'on ne saurait décrire. Vénus est représentée au moment où, sortant de l'écume de la mer, elle paraît pour la première fois sur le rivage de Cythère. Un dauphin, groupé avec une coquille, est à ses pieds, surmonté par deux petits Amours, qui semblent vouloir se rapprocher de celle qui va être leur mère. Quand on a vu ce chef-d'œuvre de beauté idéale, on ne peut plus voir d'autre Vénus; et celle du Capitole même, auprès de lui, perd de son mérite. Cette statue, en marbre de Paros, d'un grain très-fin, est tirée de la galerie de Florence.

La septième salle, ou la Salle de l'Apollon, est décorée par quatre colonnes d'un granit rouge oriental de la plus belle qualité, tirées du dôme d'Aix-la-Chapelle, où elles étaient placées autour du tombeau de Charlemagne. Les antiques les plus distingués qui se trouvent dans cette salle, sont :

L'Apollon Pythien, connu sous le nom de l'Apollon du Belvédère, placé dans une niche au haut de la salle, sur une élévation de quelques degrés. Deux Sphynx, en granit rouge poli d'Egypte, tirés du Musée du Capitole, sont placés des deux côtés de ce perron, qui est revêtu d'un pavé en marbres très-rares, dans le centre desquels on a enchâssé cinq carreaux de mosaïque antique, d'un travail infiniment précieux. Apollon est représenté au moment où il vient d'atteindre le serpent Python, et de délivrer Delphes du monstre qui la désolait. Son arc redoutable est encore dans sa main gauche, l'indignation siège sur ses lèvres, mais son regard porte l'empreinte de la certitude de la victoire. Une jeunesse éternelle, un port svelte et majestueux, une noble assurance sont répandus sur ce corps superbe, dont les belles formes désignent à-la-fois la vigueur et l'agilité de la jeunesse. Jamais un plus bel idéal d'un dieu ne put être formé ; et, à mesure qu'on l'admire, on y trouve des beautés que le premier coup-d'œil ne saurait découvrir. La meilleure apologie que je puisse vous faire de cette superbe statue, c'est de vous raconter un fait assez extraordinaire, qui est arrivé il y a quelques années à Paris. Une jeune et charmante Provençale, dans la fleur de l'âge, devint amoureuse du dieu de Delphes; chaque jour la vit aux pieds d'Apollon, lui porter des fleurs qu'elle déposait sur le perron où il est placé. Obligée de quitter la statue, elle fondait en larmes, sa raison s'aliéna, et elle crut être prêtresse d'Apollon. Ses parens l'emmenèrent loin de Paris, mais sa raison ne revint plus, et elle mourut, peu après, dans cet état.

Le célèbre Winkelmann suppose que l'artiste, auquel ce superbe monument doit son existence, est Agasias d'Ephèse. Cette statue fut trouvée, à la fin du quinzième siècle, à Capo d'Huzo, à douze lieues de Rome, dans les ruines d'Actium, d'où elle fut transportée, par Jules II, dans son palais, et placée par la suite au Belvédère du Vatican, où, pendant trois siècles, elle a fait l'admiration de l'univers.

L'Antinoüs du Belvédère, que les uns prennent pour un Méléagre, et que d'autres prétendent être un Mercure, fut trouvé sur le mont Esquilin, dans les bains de Titus. Cette statue est sur-tout remarquable par sa belle tête, de même que par l'harmonie qui règne entre toutes les parties de cette belle figure.

Un Antinoüs en divinité égyptienne, en marbre blanc.

Un beau buste en marbre pentélique, tiré du Musée du Capitole, connu sous le nom d'Alexandre du Capitole, mais qui représente le Soleil.

Hercule et Télèphe, dit l'Hercule Commode, tiré du Belvédère du Vatican. Il est couvert de la dépouille du lion de Némée, et tient, en s'appuyant sur sa massue, de la main gauche, son fils Télèphe.

La huitième et dernière salle, nommée Salle des Muses, est ornée de deux colonnes, dont l'une est d'un marbre africain très-rare par la variété et la beauté de ses taches, et l'autre d'un granit oriental d'un gris foncé, tirant sur le vert, nuancé de rose, avec des brèches blanches. Chacune de ces colonnes est surmontée d'une boule, dont l'une est en serpentin, et l'autre en albâtre oriental. Les statues les plus remarquables dans cette salle, qui contient les neuf Muses, sont :

L'Apollon Musagète, en marbre pentélique, trouvé à Tivoli. Il est debout, couronné de lauriers et vêtu d'une longue tunique; une chlamyde est agraffée sur ses épaules, et dans ses mains se trouve la lyre, symbole de l'harmonie.

Vénus sortant du bain, dite la Vénus du Capitole, trouvée à Rome même, près du mont Quirinal. Elle est toute nue, et ses cheveux élégamment noués sur le sommet du front, retombent en tresses derrière le cou. A ses pieds est un vase de parfums. Cette statue, quoique très-belle, perd néanmoins de son mérite vue après la Vénus de Médicis. La Vénus du Capitole semble être la mère de la Volupté sensuelle; celle de Médicis, au contraire, est cette divinité qui, la mère du Desir naissant, protège l'amour pur et délicat. Je ne suis point connaisseur, ni même, je vous en fais l'aveu, grand amateur de cette branche des beaux-arts relative à l'art statuaire, et je lui préfère infiniment la peinture, qui, en réunissant à-la-fois le dessin, le coloris, la nuance des couleurs et les effets de lumière, porte l'illusion au comble. Je ne saurais néanmoins vous dépeindre à quel point m'ont attaché mes trois statues favorites, celles de la Vénus de Médicis, de l'Apollon du Belvédère et du Gladiateur mourant; un charme irrésistible m'enchaîne auprès d'elles chaque fois que j'entre dans cette galerie, et ce n'est qu'avec peine que je puis m'en détacher. Je conviens que celui qui n'est pas connaisseur n'est qu'un juge très-imparfait, mais en revanche serez-vous obligé d'avouer que l'extase d'un profane, occasionnée par l'impression irrésistible que produit l'empreinte sublime de la perfection et de la beauté, est l'hommage le plus pur que puisse recevoir un chef-d'œuvre de l'art.

J'ai suivi avant-hier, assez machinalement, la foule qui se porte les trois derniers jours de la semaine sainte aux Champs-Elysées, et de-là au bois de Boulogne. Ces trois jours, qu'on nomme à Paris les journées de Longchamps, parce que la promenade habituelle s'étend au-delà du bois de Boulogne jusqu'à la barrière de Longchamps, sont trois jours de fête pour les habitans de cette capitale. Dès les onze heures du matin, cette promenade commence à se remplir de monde, et ne désemplit plus qu'à la nuit tombante. Les gens riches et les élégans se rendent à Longchamps pour y faire parade de beaux équipages, de beaux chevaux et d'une livrée brillante, tandis que les gens à pied y vont pour en admirer tout l'éclat, et pour se laisser éclabousser et couvrir de poussière. Avant la révolution, l'ancienne cour de France faisait toutes les années, régulièrement, cette promenade, et les seigneurs de la cour, de même que les autres riches particuliers de Paris, rivalisaient entre eux, ces jours-là, pour l'élégance et la magnificence des équipages, la beauté des chevaux et la richesse des livrées. Mais la révolution, en réformant presque toutes les fortunes, a modifié ce genre de luxe, et cette promenade n'offre plus, comme anciennement, un coup-d'œil aussi brillant. Malgré que tout le monde s'accordât à dire que cette année-ci la promenade de Longchamps n'était point fréquentée comme à l'ordinaire, il y avait néanmoins une procession non interrompue d'équipages de maîtres, de voitures de remise, de fiacres, de cabriolets et de chars à bancs, qui se suivaient à la file, et le nombre des voitures en tout genre, qui, ce jour-là, passèrent la barrière de Neuilly, qui conduit au bois de Boulogne, s'est monté à plus de neuf mille, sans compter au moins deux mille chevaux de selle. Les allées latérales des Champs-Elysées étaient remplies de promeneurs, dont les uns louaient des chaises pour voir et revoir à leur aise ce tableau mouvant, tandis que d'autres s'établissaient à de grandes tables que des marchands de comestibles avaient dressées pour satisfaire les amateurs. Toutes les guinguettes, tant aux Champs-Elysées qu'au bois de Boulogne, étaient encombrées de monde, de même que le joli hameau de Chantilly, qui appartenait autrefois à Mme de Pompadour, et où l'on trouve maintenant un bon café et un restaurateur.

Les Champs-Elysées aboutissent à la place de la Concorde, anciennement dite place de Louis XV, en face et dans la même direction que le jardin des Tuileries. Cette promenade suit le cours et les quais de la Seine, jusqu'au village de Chaillot, qui se trouve encore dans l'enceinte des barrières. L'entrée des Champs-Elysées, du côté de la place de la Concorde, est décorée de deux groupes de marbre blanc, qui représentent deux chevaux fougueux, retenus par deux hommes. Ils sont tirés du château de Marly, et estimés pour la beauté des formes et de l'exécution. Cette belle promenade contient six grandes avenues, dont la plus grande, qui partage les Champs-Elysées en deux parties presque égales, répond à la grande allée du jardin des Tuileries, et va aboutir au pont de Neuilly, de sorte que depuis les Tuileries jusqu'au pont de Neuilly, la vue n'est interrompue par aucun objet.

La place de la Concorde est, sans contredit, la plus belle et la plus vaste des places de Paris; elle est environnée de larges fossés, bordés des deux côtés de belles balustrades en pierre. Deux magnifiques bâtimens, divisés en deux parties par la rue de la Concorde, ci-devant rue Royale, font, du côté du nord de cette place, face à la Seine, au pont de la Concorde et au palais du Corps législatif. Ces deux hôtels sont décorés d'un péristile d'ordre corinthien, composé de douze colonnes posées sur un soubassement ouvert en portique, formant des galeries fermées, couronnées de balustrades et de frontons ornés de figures. L'un de ces hôtels, occupé maintenant par le ministre de la marine, était, autrefois, le Garde-Meuble de la couronne, tandis que l'autre est occupé par des particuliers. Au milieu de la place de la Concorde, se trouvait anciennement la statue équestre de Louis XV, qui fut renversée le 11 août 1793.

La place de la Concorde est remarquable par les évènemens tragiques qui y eurent lieu. Ce fut sur cette place, qu'en 1770, lors du feu d'artifice qu'on y tira à l'occasion du mariage de Louis XVI, plus de six cents personnes perdirent la vie; et vingt-trois ans après, ce monarque infortuné, ainsi que la reine, Mme Elisabeth et le duc d'Orléans y eurent la tête tranchée.

Au bout de la rue de la Concorde, au-delà de la rue Saint-Honoré, et en face de la place de Louis XV, se trouve l'église non achevée de la Madeleine, destinée à servir de point de vue à la place de la Concorde, et construite par conséquent avec goût et magnificence, sur les dessins d'un architecte du duc d'Orléans, nommé Contant d'Ivry. Cet édifice forme une croix de deux cent soixante-quatre pieds de long sur cent trente-huit de large. Le portail principal est décoré de douze colonnes d'ordre corinthien; et une galerie qui s'étend jusqu'à l'avant-corps de la croisée, ornée par un rang de colonnes du même ordre, règne de chaque côté de l'édifice et en retour du portail. Mais c'est bien dommage que ce beau morceau d'architecture ne soit pas achevé.

A quelque distance de cette église se trouve le cimetière de la Madeleine, où furent ensevelis les restes des malheureux qu'on guillotinait sur la place de la Concorde. Ce terrain, qui fut vendu, a été transformé depuis, en jardins, et une végétation féconde couvre maintenant les tombeaux qui renferment la poussière de tant d'illustres victimes. Triste image de la grandeur humaine que la mort subjugue, et dont elle efface jusqu'aux moindres vestiges!

J'ai terminé la journée d'hier en allant au Vaudeville, où l'on donna deux charmantes petites pièces, la *Laitière de Bercy*, et ensuite *Dugay-Trouin*, toutes deux anecdotes historiques intéressantes. Ce théâtre, sur lequel on ne représente que de petites pièces entremêlées de couplets chantés sur des airs connus, est sans contredit le plus agréable des petits spectacles de Paris. Ce genre de spectacle, qu'on ne retrouve dans aucun autre pays, devient effectivement spectacle national français, puisqu'il ne peut exister qu'en France, dont la langue prête plus à la saillie que toute autre, et dont les petits airs, d'une composition légère et badine, semblent être créés exprès pour ce genre de représentation. Le Vaudeville, qui, comme tout autre chose dans ce pays-ci, est assujéti aux caprices du moment, semble être un peu tombé depuis quelque tems; mais la franche gaîté des pièces, la bonté de l'ensemble et le goût vraiment français de ce spectacle ne manqueront pas de le relever.

L'actrice la plus distinguée de ce spectacle se nomme Mme Belmont, connue aussi sous le nom de Mme Henry, qui est celui de son mari, dont elle est séparée depuis quelque tems, et qui, maintenant, s'avise d'en devenir éperdument amoureux.

Mme Belmont, quoiqu'ayant accompli son sixième lustre, est très-belle femme encore, et joint à beaucoup de grâces une expression de physionomie délicieuse. Je lui ai vu, dernièrement, jouer le rôle de Fanchon la vielleuse, qui est son triomphe. Il est impossible de réunir à-la-fois autant de naturel, d'aisance, de grâces et d'expression qu'elle en développe dans cette pièce, que vous connaissez, et dans laquelle Duchaume, excellent acteur pour les rôles qui exigent de la franchise et de la gaîté, a rendu à la perfection le charmant personnage de l'abbé de Lattaignant. On donna, le même jour, un joli petit vaudeville, intitulé : *Piron et ses amis*, dans lequel Duchaume a joué à merveille le rôle de Piron, qui, rentrant au milieu de la nuit et à moitié gris, chez lui, se fait arrêter par le guet de Paris à force de le narguer.

La salle du Vaudeville à cinq rangs

de loges, et est joliment décorée ; mais c'est dommage que l'orchestre de ce petit théâtre ne réponde point au reste de ce charmant spectacle.

J'ai été ce matin, de bonne heure, me promener au jardin des Tuileries, qui, fait d'après les dessins de Lenôtre, ne manque pas de mérite, malgré qu'il soit planté absolument dans l'ancien goût français, orné de grandes allées qui aboutissent à la place de la Concorde, où le jardin est fermé par une belle grille. Ce jardin, qui suit le cours de la Seine, forme un carré, et contient outre quatre beaux bassins d'eau jaillissante, une quantité de belles statues en marbre. Il est bordé de deux terrasses parallèles, dont l'une donne sur le quai de la Seine, et l'autre sur la nouvelle rue de Rivoli, qui formait, dans les premiers tems de la révolution, la fameuse terrasse des Feuillans. Ce jardin, qui est très-fréquenté, parce qu'il offre une promenade infiniment agréable, dont l'ombrage épais garantit des rayons du soleil, et qu'il sert en outre de communication entre la rue Saint-Honoré et le faubourg Saint-Germain, est toujours rempli de monde dès que le beau tems commence à se fixer. Sur la terrasse de Rivoli, on trouve deux restaurateurs excellens, Legacque et Véry, dont le nom, de même que celui de son frère, qui a un pareil établissement au Palais-Royal, est bien recommandable auprès des amateurs de la bonne chère.

Vous n'exigerez pas, sans doute, que je vous envoie une copie exacte des différens mets, vins et liqueurs qu'on trouve chez les frères Véry, à l'instar du maître de Chapelle Reichard de Berlin, qui, dans son ouvrage sur Paris, vous donne en six pages seulement, cette intéressante nomenclature. Vous me pardonnerez de même si, contre l'avis du chanoine Mayer de Hambourg, dans son ouvrage sur Paris, je ne puis trouver en

Mme Véry, assise à son comptoir, une seconde Junon ; mais en revanche, vous vous contenterez, si je vous dis que Véry, sans faire pour cela de tort à la réputation de ses confrères Grignon, Beauvilliers, Naudet et autres, est un des restaurateurs les plus renommés de Paris, tant pour le grand choix des mets, la bonne chère, de même que pour l'élégance avec laquelle tout est arrangé chez lui. Rien de plus commode que ces restaurateurs, chez lesquels on trouve, à toute heure de la journée, de quoi faire un excellent dîner, en y joignant l'agrément qu'on peut s'y faire servir de deux manières différentes, soit à prix fixe, en y mettant tel prix qu'on veut ; soit à la carte, c'est-à-dire, d'après une liste qui contient la nomenclature de tous les mets, vins et liqueurs, de même que le prix de chaque objet ; de manière qu'outre le choix des mets, on peut fixer soi-même le prix de la dépense qu'on veut faire.

Le tems auquel on trouve le plus de monde chez les restaurateurs, est entre trois et sept heures de l'après-midi. On peut manger, ou dans le salon, où tout le monde se réunit, et où l'on trouve des tables séparées d'un jusqu'à six couverts, ou dans des cabinets, où l'on est servi à autant de couverts qu'on veut. Comme tous les quartiers de Paris contiennent des établissemens pareils, on n'est jamais embarrassé, lorsqu'on est en course, de savoir où dîner.

Le nombre des restaurateurs qui se trouvent à Paris, passe, en ce moment, deux mille; et c'est le résultat de la révolution, qui, ayant obligé une quantité de particuliers à réformer leur état de maison, a mis par là, sur le pavé, un nombre considérable de cuisiniers, qui, pour se tirer d'affaire, se sont faits depuis restaurateurs.

LETTRE IXe.

Paris, ce 8 avril 1807.

J'AI été, il y a quelques jours, au palais du Louvre visiter le Cabinet des Médailles, qui se trouve sous la direction de M. Venant-Denon, célèbre antiquaire, auteur d'un ouvrage intéressant sur l'Egypte, où il accompagna l'Empereur lors de son expédition. L'inspection particulière de ce Cabinet est confiée aux soins du conservateur des médailles, nommé Droz, qui est lui-même artiste médailliste.

Dans l'atelier où se frappent les médailles, on remarque différens balanciers d'une très-grande dimension, qu'on peut néanmoins mettre en mouvement par l'emploi d'un très-petit degré de force, et qui servent pour frapper les médailles. Cette opération, qui ne se fait point d'un seul coup pour les médailles en or et en argent, doit être répétée à plusieurs reprises, puisqu'après chacune des premières empreintes, la médaille doit toujours repasser par le feu.

Le Cabinet des Médailles qui renferme les coins en haut et bas relief de toutes les médailles qui ont été frappées en France depuis les tems les plus reculés jusqu'à nos jours, forme une collection aussi intéressante que précieuse pour l'histoire de la France.

Le prince électoral de Bade vint ce jour là voir le Cabinet, d'où il fut conduit à l'atelier, où l'on frappa, en sa présence, deux médailles différentes, tant en or qu'en argent et en cuivre, l'une relative à sa présence au Cabinet des Médailles, et l'autre relative à l'alliance qu'il va contracter avec la princesse Stéphanie Napoléon, fille adoptive de l'Empereur.

J'ai visité encore, ces jours derniers, un des Instituts les plus intéressans de Paris, celui des Sourds et Muets, qui se trouve, depuis la mort de l'abbé de l'Epée, qui en fut le créateur, sous la direction de l'abbé Sicard, à qui il doit le degré de perfection auquel cet établissement a été porté.

Le nombre des élèves des deux sexes, que le gouvernement entretient dans cette école, à raison d'une pension annuelle de 500 francs par individu, ne peut excéder cent vingt; mais on y reçoit aussi des pensionnaires qui y sont élevés aux frais de leurs parens, qui paient une pension annuelle de 600 francs. Pour faire recevoir un enfant dans cet Institut, aux frais du gouvernement, il faut que les parens puissent prouver, d'une manière légale, l'insuffisance de leur fortune pour élever leurs enfans, et en outre, que l'enfant proposé n'ait pas moins de douze, ni plus de seize ans. Le tems préfixé pour la pension est de cinq ans, pendant lesquels les élèves des deux sexes sont nourris et entretenus tant en santé qu'en maladie. Ils apprennent à lire, à écrire, le calcul, la géographie, le dessin, et sont formés à l'apprentissage d'un art mécanique, au moyen duquel ils puissent, au sortir de cette pension, gagner leur vie.

Je n'eus point l'avantage, lorsque je fus voir cet Institut, de rencontrer l'abbé Sicard ; mais un des instituteurs de la pension eut la complaisance de laisser faire quelques exercices à des élèves, tant pour prouver le degré de perfection auquel ils peuvent atteindre, que pour donner une idée de la méthode qu'on suit pour les instruire. On voit, avec étonnement, ces jeunes gens lire, écrire, chiffrer et répondre à toutes les demandes qu'on leur fait, soit par écrit, soit dans le langage des signes qui est établi dans cette maison. Cette manière de communication des idées, ou ce langage par signes, est fondé sur un mécanisme très-simple, par lequel on donne aux sourds et muets des notions justes et claires sur tous les objets qui sont à même de frapper leurs sens ; mais ce qui est vraiment surprenant, c'est que le savant directeur de cet Institut ait pu donner à des individus privés à-la-fois du don de la parole et de l'ouïe, des idées claires et nettes sur des objets qui ne sont point assujétis aux sens, et qu'il ait pu les initier dans les sciences abstraites, et les familiariser avec des idées métaphysiques. Ce dernier point, qui demande le talent d'éveiller en l'homme des facultés intellectuelles, sans recourir aux moyens habituels de communication qu'offrent le don de la parole et de l'ouïe, est une des découvertes les plus sublimes dont puisse s'honorer le génie créateur de l'homme. Une observation réellement intéressante, qui me fut communiquée par les instituteurs de cet établissement, et qui repose sur l'identité des résultats tirés d'une expérience de nombre d'années, est que tous les sourds et muets qui sont entrés dans cette école, ont un langage qui leur est propre, tant par signes que par sons, par lequel ils sont en état de faire comprendre tous les besoins physiques qu'ils éprouvent, langage qui, a peu de nuances près, est presque le même chez tous, et que les instituteurs tâchent d'étudier, pour commencer par là à donner à ces jeunes gens les idées élémentaires d'instruction. Il serait intéressant, à ce qu'il me semble, d'approfondir si cette manière de communication des idées est innée en l'homme, ou si elle n'est qu'une suite des premières impressions reçues par l'éducation dans la plus tendre enfance. Cette étude pourrait peut-être mener à une découverte très-importante, celle de savoir s'il existe une langue primitive et universelle, particulière à l'homme, dont il apporte la connaissance en venant au monde ; problême qui, tant de fois déjà, a donné lieu à des recherches infructueuses. Outre le langage par signes qu'on enseigne à ces jeunes gens, ils en ont établi entre eux un autre qui leur est particulier, pour pouvoir, sans être compris, se confier réciproquement leurs secrets.

Rien de plus intéressant que l'ardeur et le zèle avec lesquels tous ces sourds et muets s'empressent de produire leurs talens devant les étrangers qui viennent visiter cet établissement. Aussi ai-je remarqué qu'en général ils n'ont point cet air de tristesse et d'ennui qui caractérisent presque toujours les sourds ; au contraire, on les voit apporter une attention et une curiosité toute particulière sur tout ce qui se passe autour d'eux, et qui s'arrête sur-tout sur les personnes qui viennent voir l'Institut. Ces jeunes gens occupent différens grands appartemens, qui leur servent de dortoirs, et dont chacun est surveillé par un sous-gouverneur. Ils sont bien nourris, et ont à leur disposition un grand jardin, dans lequel ils peuvent aller prendre l'air aux heures destinées à leur récréation.

On voit, dant cet Institut, un jeune homme sauvage, âgé, selon toute apparence, de dix-sept à dix-huit ans. Ce jeune homme fut trouvé, il y a quelques années, dans les forêts et les montagnes du département de l'Aveyron, et de-là transporté à Paris, où le gouvernement l'a recueilli et confié aux soins d'une gouvernante. Ce malheureux a une expression de bonhomie qui prévient en sa faveur ; il est d'un caractère doux, semble très-attaché à la personne qui le soigne, et obéit aveuglément à ses ordres. Il entend, mais il ne peut parler ; et malgré différens essais qu'on a faits pour lui donner de l'instruction, il n'a pu parvenir qu'à écrire quelques mots à peine lisibles, quoique cependant il paraisse très-empressé de produire ses talens devant les personnes qui viennent le voir. Il semble que cet état de réclusion ne lui convienne pas : il paraît inquiet et préoccupé, se promène sans relâche dans sa petite chambre, et a déjà tâché, à différentes reprises, de s'échapper quand il pouvait en trouver l'occasion. Il n'est point carnassier, ne mange que très-peu de viandes, auxquelles même on a eu de la peine à l'accoutumer, et semble, pendant le tems qu'il a vécu comme sauvage, ne s'être nourri que de végétaux. On n'a pas le plus léger indice sur la manière dont ce malheureux a été exposé ou abandonné. Il porte sur son corps les marques de différentes blessures, dont la plus considérable est une longue cicatrice au gosier, qui ressemble assez à une plaie incisive, occasionnée par mains d'hommes, et à laquelle on prétend attribuer une lésion organique qui le prive du don de la parole, ce que j'ai de la peine à croire. Une autre plaie qu'il a au bras, semble plutôt provenir d'une morsure. Il serait à desirer, pour ce malheureux jeune homme, accoutumé dès sa plus tendre enfance à une vie errante, qu'on lui accordât plus souvent la jouissance de la promenade, puisqu'enfermé dans une petite chambre dont il ne sort que rarement, sa santé doit nécessairement en souffrir.

Un autre Institut très-intéressant, qui, de même que celui des sourds et muets, tend à soulager les maux et infirmités dont l'espèce humaine est affligée, et à utiliser pour la société une classe d'hommes dont elle fut privée jusqu'ici, c'est l'Institut des Aveugles de M. Hauy, frère du célèbre physicien de ce nom, qui, anciennement, se trouvait à la tête de l'Institut de l'hôpital des Quinze-Vingts, mais qui, destitué depuis, vient de partir pour Saint-Pétersbourg, où il a été appelé par l'empereur Alexandre, qui veut y établir un semblable Institut. M. Hauy, instruit que plusieurs étrangers desiraient voir ses élèves, nous donna, peu de jours avant son départ, une séance, dans laquelle il nous montra la méthode qu'il a établie pour enseigner aux aveugles la lecture, le calcul, la géographie, la musique, l'imprimerie, ainsi qu'une infinité d'autres ouvrages mécaniques. Le défaut de la vue, chez ces malheureux, est suppléé par les sens de l'ouïe et du tact, et c'est par l'attouchement qu'on leur apprend à connaître les lettres, à les joindre les unes aux autres, et par conséquent à lire. Les doigts sont les yeux de ces aveugles, et ils lisent avec une facilité vraiment étonnante, les livres que M. Hauy a fait exprès imprimer pour eux, et dont l'attouchement leur fait connaître les lettres, qui sont en relief. C'est par un procédé pareil, qu'il apprend à ses élèves le calcul, la musique et la géographie; les chiffres, les notes, les contours de chaque pays et des provinces, tout est en relief. Le plus grand bien que M. Hauy, par les soins et l'application qu'il a mis à perfectionner ce genre d'instruction, a fait éprouver à l'humanité, est celui de donner à la classe indigente des aveugles, les moyens de gagner leur existence en leur enseignant différens ouvrages mécaniques, tels que d'imprimer, de tricotter, de tisser des bourses et autres choses de ce genre, qu'on offre aux personnes qui viennent visiter cet établissement, pour en faire des emplettes.

J'ai acheté, à cette occasion, les poésies du citoyen Avisse, qui, tout aveugle qu'il était, fut professeur de logique et de langues dans cet Institut, et dont la veuve, aveugle de même, s'y trouve encore. Ce petit ouvrage, qu'elle vend à son profit, a été imprimé par les aveugles de l'Institut. M. Hauy, qui est parti il y a quelques jours, a cédé, par arrangement, cet établissement à un de ses élèves, qui en est maintenant le directeur. Ce jeune homme, qui est natif de Mühlhouse, dans le département du Haut-Rhin, est aveugle lui-même; il a fait imprimer différens ouvrages dont il est l'auteur, et a été déjà, depuis quelque tems, attaché à cet Institut en qualité de professeur.

J'ai assisté, depuis peu, à une des séances d'instruction publique qui ont lieu de tems à autre à l'hôtel des Quinze-Vingts, dans laquelle les aveugles donnèrent au public des échantillons des connaissances, talens et exercices dont j'ai parlé ci-dessus.

L'Hospice des Aveugles ou des Quinze-Vingts fut fondé en 1260, par Saint-Louis, pour quinze-vingts ou trois cents aveugles, et contient encore actuellement quatre cent vingt aveugles, dont trois cents sont de première classe, et cent vingt de seconde classe, ou jeunes aveugles. Pour pouvoir être reçu dans cet hospice, il faut prouver un état de cécité et d'indigence absolues; et tout aveugle qui y est reçu, est logé, nourri, habillé, chauffé, et reçoit en outre, encore, s'il est de la première classe, quelques sous par jour; ou s'il est de la seconde classe, toute l'instruction dont il peut être susceptible. On a établi, dans cet hospice, différens travaux, et notamment une fabrique de draps, où les aveugles qui veulent travailler peuvent acquérir une augmentation de traitement, et où leurs femmes et enfans trouvent un moyen de gagner leur vie.

Rien de plus étonnant que de voir ces aveugles, seuls et sans guides, parcourir, tant de nuit que de jour, les rues de Paris; ils ont une connaissance locale de chaque rue, et usent de toutes les précautions dont l'homme le plus attentif, et qui ne serait point privé de la vue, pourrait faire usage. Aussi, malgré qu'ils traversent les rues les plus fréquentées, on n'a jamais ouï dire qu'il leur soit arrivé le moindre accident.

J'ai été, hier soir, au grand Opéra, rue de la Loi, qu'on nomme présentement Académie impériale de Musique. La salle de ce spectacle est de forme circulaire, et contient quatre rangs de loges; elle est ornée de colonnes, qui, tout en formant un joli coup-d'œil, prennent trop de place et entravent la vue. On donna hier une représentation de Saül, dont la musique n'est qu'une compilation des meilleurs morceaux de musique des plus fameux compositeurs, tels que de Hayden, Mozart, Winter, Paësiello, Martini, Cimarosa et autres. L'auteur de cette musique ne s'est point même donné beaucoup de peine pour voiler son plagiat, car l'on reconnait dans ce pot-pourri, dont l'effet est vraiment délicieux, les différens masques qu'il a empruntés.

Le grand Opéra, fameux jadis, tant par la richesse des décorations et leur effet magique, que par la beauté et le luxe des costumes, par la supériorité de l'orchestre et des ballets, et par les talens éminens qu'on y voit briller, n'atteint plus à ce degré de perfection qui en faisait autrefois le spectacle par excellence. Le décor et le jeu des machines, qui opère en un clin-d'œil les changemens les plus surprenans, sont toujours admirables. L'ensemble de l'orchestre, sa justesse, sa précision, son premier coup d'archet, font toujours le même plaisir; mais il n'en est plus de même du talent des acteurs et de l'exécution de la musique vocale. Ce spectacle n'offre, dans ce moment-ci, aucune voix distinguée, et il est cruel d'entendre défigurer de la bonne musique par des gens qui, en voulant allier la méthode italienne à l'ancienne méthode française, font un amalgame sans goût et sans expression ; ce sont des élans de voix, des cadences dissonnantes, des roulades qui n'en finissent pas, et on peut, sans trop de prévention, rendre la justice à ces artistes modernes, qu'ils ont porté le talent de déguiser la bonne musique au plus haut degré de perfection. Si notre bon vieux maître de musique entendait ce genre de chant, il dirait, avec cet air contrit qu'il prenait quand il ne se possédait plus de colère : « Mes amis, crier n'est pas chanter ».

J'ai vu dernièrement, à ce théâtre, une représentation de *Don Juan*, entremêlée de ballets ; le tout était parfait sous le rapport des costumes, des décorations et des ballets ; mais pour l'exécution de la musique de ce chef-d'œuvre de l'immortel Mozart, qui demande cette délicatesse, ce liant, ce goût exquis, ces agrémens que la bonne méthode italienne est seule capable de donner, elle fut absolument manquée. Il est à regretter que ce spectacle, qui réunit tant d'avantages pour former le premier spectacle du monde, ne soit pas mieux soigné, et qu'on ne fasse pas plus d'efforts pour y attirer des talens plus distingués; mais il semble que Mme Saint-Huberti, depuis marquise d'Entraigues, élève du fameux chevalier Gluck, dont la méthode naturelle et simple, de même que l'expression du jeu le plus parfait, lui avaient acquis l'admiration générale, ait enlevé à ce théâtre, en le quittant, le germe des grands talens. Mme Armand et Laïs sont maintenant ce que l'Opéra offre de mieux, car je ne puis plus vous parler de Mlle Maillard, dont l'embonpoint toujours croissant l'a forcée à quitter la scène.

J'ignore à quel point de perfection avait été porté le ballet avant la révolution, mais tout le monde s'accorde à dire qu'il en a acquis depuis le plus haut degré; aussi est-il sûr qu'on ne peut, sans l'avoir vu, se former une idée juste de la beauté de ce genre de spectacle, qui réunit à-la-fois, tant sous le rapport de l'élégance et de la richesse des costumes, que sous celui des grâces, des groupes, des attitudes, des figures délicieuses, tout ce que l'art et la volupté laissent à desirer. Le fameux Vestris, Mme Gardel, dont les grâces et le talent font oublier qu'elle est sur le retour de l'âge; Henri, la jeune Millier, la charmante Clotilde, les deux Saulnier se réunissent pour porter la magie de l'illusion sensuelle au plus haut période. La perle des danseurs, néanmoins, est, dans ce moment, le jeune Duport, dont le talent et les moyens enviés par Vestris, font craindre à ce dernier un rival qui, d'un instant à l'autre, va lui enlever pour jamais le sceptre de la danse. Il vient de composer un ballet, *le Barbier de Séville,* qui a eu déjà plusieurs représentations, et dans lequel lui et sa sœur excellent.

J'ai ouï, ces jours derniers, un effet de musique délicieux; c'est l'ouverture des *Bardes*, grand opéra composé par Lesueur, maître de chapelle du Conservatoire impérial. Douze harpes qui se trouvent dans l'orchestre, et qui à-la-fois se font entendre, font éprouver une sensation qu'on ne saurait décrire: c'est une harmonie céleste, qui, préférable encore aux sons mélodieux de l'harmonica, enlève l'ame, et l'entraîne dans les espaces imaginaires. Un nouvel opéra, nommé *Uthal*, du même compositeur, qu'on a représenté pour la première fois, il y a quelques jours, au théâtre Feydeau, offre le même effet d'harmonie, au moment où Fingal, la harpe à la main, paraît à la tête des Druides. Les compositions de Lesueur sont, en général, dans le grand style, et d'un genre sérieux, plus faites cependant pour l'église que pour le théâtre, pour lequel Méhul, le compositeur de l'*Irato* et de la *Chasse du petit Henri*, qui a eu le bonheur de saisir parfaitement le vrai genre italien, a beaucoup mieux réussi.

Dans une de mes dernières courses dans Paris, j'ai été voir le fameux Panthéon français, si souvent cité dans les fastes de la révolution française. Il est situé au-dessus de la montagne Sainte-Geneviève, et du haut de sa tour, on jouit d'une vue très-étendue, tant sur la ville de Paris que sur ses environs. Ce monument, destiné primitivement pour la nouvelle église de Sainte-Geneviève, fut, au commencement de la révolution, à l'imitation du Panthéon à Rome, déclaré, par un décret de l'Assemblée nationale, le Panthéon des grands hommes de la France, et destiné à recevoir leurs cendres. On y déposa, avec pompe, le corps de

Mirabeau, les cendres de Voltaire et de Rousseau, ainsi que les restes de Marat et de quelques autres héros de la révolution. Cet enthousiasme, néanmoins, ne fut point de longue durée ; et à l'instar de Jupiter, qui, selon son bon plaisir, chasse et reçoit des dieux dans l'Olympe, le peuple de Paris en retira les restes de l'un, et y déposa ceux d'un autre, jusqu'à ce qu'enfin, il y a quelques mois, ce temple fut rendu par l'Empereur, au culte, avec la clause qu'il servirait dorénavant de sépulture aux maréchaux d'empire, aux sénateurs, ainsi qu'aux grands hommes de la France. Cette église, dont la construction fut commencée en 1757, sous le règne de Louis XV, d'après les dessins de Soufflot, offre la figure d'une croix grecque, et son portail, à l'imitation de celui du Panthéon à Rome, est formé d'un péristile de vingt-deux colonnes corinthiennes, dont dix-huit sont isolées.

Le portail est composé de trois portes, accompagnées d'ornemens et de bas-reliefs très-bien sculptés ; et, sous le péristile, on remarque quatre belles statues colossales. L'intérieur de l'église est composé de quatre nefs, au milieu desquelles est placé le dôme, qui, à l'extérieur, représente un temple circulaire, soutenu par trente-deux colonnes d'ordre corinthien. Sous l'église, se trouve un vaste caveau, soutenu par des pilastres, et bien éclairé, dans lequel on remarque deux sarcophages, dont l'un renferme les cendres du philosophe de Ferney, et l'autre, les restes de J. J. Rousseau, deux hommes dont la désunion, dictée par l'envie réciproque de leur renommée, n'a pu empêcher que la force des évènemens ne les réunît après leur mort. L'on dit que le dernier des deux va être rendu incessamment à M. de Girardin, le propriétaire d'Ermenonville, qui l'a réclamé. L'intérieur du Panthéon n'est point achevé encore, mais on y travaille avec assiduité, et tout promet que cet édifice sera un des plus beaux monumens de l'architecture française.

L'église métropolitaine, ou la Cathédrale de Paris, est l'église de Notre-Dame, située presqu'au milieu de la Cité, près de l'Hôtel-Dieu. Cet édifice fut élevé sous l'empereur Valentinien Ier, vers l'an 365, sur les ruines d'un temple érigé par les habitans de l'ancienne Lutèce, à Castor et Pollux. Elle fut agrandie sous le règne de Childebert Ier, et terminée ensuite en l'an 1185, sous Philippe-Auguste. La principale façade de ce temple, reste vénérable du beau genre de l'architecture gothique, est composée de trois portes chargées de figures et de statues, dont les deux portes latérales sont surmontées par deux énormes tours carrées, qui ont chacune deux cent quatre pieds de haut, et auxquelles on monte par un escalier de trois cent quatre-vingt-neuf marches. Entre les deux tours, se trouve une très-belle galerie, soutenue par des colonnes gothiques. La nef et le chœur sont bordés de doubles bas-côtés, au-dessus desquels sont de grandes galeries espacées par de petites colonnes d'une seule pièce. Sur la galerie centrale du chœur, en face de la grande porte du milieu, on remarque un trophée de drapeaux qui ont été pris sur les Russes et les Autrichiens lors de la bataille mémorable d'Austerlitz. Cette vaste église, qui est la paroisse de l'archevêque de Paris, contenait, anciennement, plusieurs beaux tableaux, qui furent enlevés pendant le cours de la révolution. Dans les différentes chapelles qui ornent ce temple, on remarquait aussi, jadis, les tombeaux des plus illustres maisons de France, dont les mausolées furent ou enlevés ou détruits pendant le cours de la révolution. Ceux qu'on a pu sauver des mains des destructeurs furent recueillis par M. Lenoir, et placés au Musée des monumens français.

Sous le règne consulaire, le 18 avril 1801, ce temple, qui, pendant les tems de l'anarchie, avait été souillé par le culte de la raison, fut rendu au culte catholique; et au mois de décembre 1804, Napoléon, premier empereur des Français, y fut sacré et couronné par le pape Pie VII.

L'on remarque, dans cette église, de beaux vîtraux antiques, et dans la sacristie on montre les vases sacrés en vermeil, dont l'Empereur a doté l'église, de même que le manteau impérial qui a servi pour la cérémonie du couronnement. Ce manteau est en velours cramoisi, parsemé d'abeilles en or, et doublé de martre zibeline. Le manteau royal qui a servi pour la cérémonie du couronnement à Milan, est aussi conservé ici; il est en velours gros vert, parsemé de couronnes, doublé de satin blanc et bordé de martre zibeline.

Près de l'Eglise de Notre-Dame, on remarque, d'un côté, l'Hôtel-Dieu, le premier et le plus vaste des hôpitaux de Paris, et non loin de là l'ancien archevêché, où réside maintenant le cardinal De Belloy, archevêque de Paris, vieillard respectable âgé de quatre-vingt-seize ans.

En allant de l'église de Notre-Dame vers le Pont-Neuf, l'on passe près d'un bâtiment construit aux bords de la Seine, qui est un *memento mori* parlant, nommé la Morgue. Ce bâtiment contient un assez grand vestibule à plein pied, sur lequel donne une chambre avec de grandes fenêtres vîtrées, dans laquelle on dépose, pendant plusieurs jours de suite, les malheureux qu'on trouve morts dans la Seine ou dans les rues de Paris, pour laisser le tems nécessaire aux personnes qui ont perdu quelqu'un des leurs, de voir si l'individu dont ils ignorent le sort, ne se trouve pas dans le nombre de ceux qui sont exposés là. Cette chambre, dont les vîtraux sont hermétiquement fermés, ne laisse pas exhaler la moindre odeur de putréfaction. Peu de jours se passent sans que la Morgue ne reçoive quelques victimes, dont la majeure partie est retirée de la Seine, témoin discret du désespoir des malheureux qui, accablés par la misère et le chagrin, vont chercher dans ses ondes un terme à leurs peines.

LETTRE X^e.

Paris, ce 12 avril 1806.

La place de la Grève ou de l'Hôtel-de-Ville, qui depuis long-tems déjà sert de place d'exécution à tous les malfaiteurs condamnés à mort, n'a été que trop fameuse dans les annales de la révolution, par les flots de sang qui y furent versés pendant le règne de la terreur, lorsque Robespierre livrait chaque jour les meilleurs citoyens à la guillotine permanente, pour assouvir sa fureur sanguinaire. L'ancien Hôtel-de-Ville de Paris, qui se trouve sur la place de la Grève, a servi, pendant la révolution, de Maison commune, et forme maintenant le siège de la Préfecture du département de la Seine. Cet édifice est d'architecture gothique. Il fut commencé sous le règne de François Ier, en 1553, et achevé en 1605. Il ne contient rien de remarquable, sinon le cadran de l'horloge, qui est tout en émail.

Ce fut sur les marches de l'Hôtel-de-Ville, que, le 14 juillet 1789, M. de Launay, gouverneur de la Bastille, et deux officiers de son état-major, furent massacrés par le peuple, et quelques soldats furent pendus à un réverbère qui en est tout près, scène qui se répéta peu de jours après pour le malheureux Foulon, intendant de Paris, et son gendre Berthier. Six mois plus tard, le marquis de Favras, victime de son attachement à la famille royale, fut pendu sur cette place. Le 9 thermidor de l'an 2, enfin, journée à jamais mémorable qui délivra la France du joug sanglant qui l'accablait, le lâche Robespierre, son frère et quelques-uns de leurs complices, qui s'étaient réfugiés à l'Hôtel-de-Ville, y furent arrêtés et livrés au dernier supplice.

Le Palais de Justice, dont l'origine

se perd dans celle de la monarchie française, se trouve dans la Cité, et a été rebâti différentes fois depuis l'époque de sa fondation. Saint-Louis, qui habita ce palais, y fit faire de grandes réparations, l'augmenta de la Sainte-Chapelle, et de plusieurs salles, et Charles VII l'abandonna en 1431 au parlement de Paris. En 1776, un incendie détruisit de nouveau ce palais, que Louis XVI fit ensuite réparer en 1787.

Une belle grille, qui s'ouvre par trois grandes portes, ferme une vaste cour, formée par deux ailes de bâtimens et par une belle façade percée de trois portiques, qui offrent l'entrée du palais, devancé par un large perron de dix-sept pieds de haut, par lequel on monte aux galeries. Ces galeries sont remplies de boutiques, de cafés et de restaurateurs, de moindre qualité, à la vérité, mais à l'instar cependant des galeries du Palais-Royal.

Les Cours de cassation, d'appel, de justice criminelle, le tribunal de première instance, de même que celui de la police correctionnelle, siègent au Palais de Justice, dont il est intéressant de parcourir les galeries pendant les heures de séances, parce qu'on y trouve avocats, défenseurs officieux, cliens et parties intéressées pêle-mêle, se promenant et discutant avec chaleur leurs intérêts réciproques, et qu'avec quelque peu d'attention, on peut lire sur leur physionomie l'expression des sensations qu'ils éprouvent, d'après les nouvelles plus ou moins consolantes qu'ils reçoivent de l'état de leurs affaires. Sous les voûtes de ce palais, sont les prisons, connues sous le nom de la Conciergerie, où sont détenus les accusés dont on instruit le procès; et en face de la grille du palais, se font les expositions de ceux qui sont condamnés aux fers et à la détention. A côté du Palais de Justice est la Sainte-

Chapelle, fondée par Saint-Louis, qui n'a plus rien de remarquable, sinon l'antiquité de son architecture et des vîtraux peints, ayant été dépouillée de son trésor et des reliques, dont les pièces les plus curieuses sont conservées, maintenant, au Cabinet des Antiques à la Bibliothèque impériale.

J'ai assisté, ces jours derniers, à une cérémonie, à la Cour, aussi auguste qu'intéressante, celle du mariage du prince électoral de Bade avec la princesse impériale Stéphanie Napoléon, fille adoptive de l'Empereur. Cette cérémonie comprend, en France, deux actes absolument différens, d'abord celui du mariage civil, et ensuite la bénédiction du mariage au sein de l'église. La première eut lieu le 7 du courant, sur les huit heures du soir, au château des Tuileries, dans la galerie de Diane, où toute la cour était réunie, et où les dames, en grande parure, étaient placées sur des tabourets rangés le long des deux côtés de la galerie. L'ensemble de ce coup-d'œil était beau, et avait quelque chose d'imposant. Tous les grands officiers de la couronne, les ministres, les sénateurs et les maréchaux d'empire étaient en grand costume, avec le manteau et le chapeau à la Henri IV, de même que l'Empereur, les princes du sang et les princes de l'empire français. Au haut bout de la galerie, vers la porte qui conduit au pavillon de Flore, était le trône, élevé de plusieurs marches, sur lequel l'Empereur et l'Impératrice se placèrent. Des deux côtés du trône, mais à un degré plus bas, étaient placés des tabourets pour les princes et les princesses du sang; devant le trône était placée une table sur laquelle on avait déposé deux exemplaires du contrat de mariage, et devant la table se trouvaient deux tabourets destinés aux jeunes fiancés.

A peine tout le monde fut-il placé,

que le prince archi-chancelier de l'empire s'approcha du trône, et lut à haute voix la formule du mariage civil. A la demande adressée à la jeune princesse, si elle voulait accepter le prince de Bade pour époux, elle s'approcha, selon l'étiquette, du trône, pour en demander l'agrément à Leurs Majestés, et fit les trois révérences d'usage, avec une grâce qui étonna toute l'assemblée. M. Maret, ministre secrétaire d'état de l'empire français, s'approcha ensuite du trône, et fit, à haute voix, la lecture du contrat de mariage, qui fut signé ensuite par l'Empereur et l'Impératrice, par les jeunes époux, par les princes et les princesses du sang, de même que par les témoins des deux parties contractantes.

Cette cérémonie terminée, le cardinal légat, assisté par les évêques de Rohan, de Broglie, et celui de Versailles, arriva pour bénir les fiançailles; après quoi Leurs Majestés, ainsi que toute la famille impériale, se retirèrent dans l'intérieur des appartemens.

Le lendemain, huit du courant, la bénédiction du mariage eut lieu de la manière qui suit :

A huit heures du soir, le prince électoral de Bade, précédé des officiers de sa maison, se rendit dans les grands appartemens de l'Empereur, d'où il passa alors dans la Salle du Trône, où se trouvaient réunies les dames de la cour, auxquelles il fit présenter des bouquets, tandis que les salons qui précèdent la Salle du Trône, étaient remplis par les différentes charges de la cour, le Sénat, le Conseil d'état, les officiers généraux, le Tribunat et le Corps législatif, tous en grand costume.

Vers les neuf heures du soir enfin, l'Empereur ayant paru, on ouvrit les deux battans de la Salle du Trône; et au même moment qu'il sortit, on se mit en marche pour la chapelle, en observant l'ordre suivant : le cortège fut devancé par vingt-quatre pages, qui, marchant deux à deux, portaient des flambeaux ; ces pages étaient suivis par deux maîtres de cérémonies, après lesquels venaient les officiers de la maison du prince de Bade, puis ceux du prince royal de Bavière, suivis par le Corps législatif, le Tribunat, le Conseil d'état, le Sénat, les commissaires de Bade, les ministres, la maison de l'Impératrice et de l'Empereur, et ensuite par l'Impératrice, qui menait le prince de Bade, et précédait l'Empereur, qui donnait la main à la jeune princesse, habillée en gaze d'argent et couverte de pierreries : après l'Empereur, qui était entouré des grandes charges de sa cour, venaient les princes et les princesses de la famille impériale.

Le cortège passa par les grands appartemens de l'Empereur, descendit le grand escalier des Tuileries, et de-là se rendit à la chapelle. Le chemin avait été couvert de tapis, et les corridors tendus en belles hautes-lisses, et l'on passait entre une double haie de grenadiers de la garde impériale, dont la musique était placée au milieu du grand vestibule. A la porte de la chapelle, Leurs Majestés furent reçues par le cardinal légat, qui, assisté de son clergé, leur présenta l'encens et l'eau-bénite; après quoi elles se placèrent sur le trône élevé au milieu de la chapelle, vis-à-vis du maître-autel, au-dessus duquel planait un dais en velours cramoisi, parsemé d'abeilles en or, qu'un aigle, suspendu à la voûte de l'église, serrait dans ses griffes. Entre l'autel et le trône, étaient placés les jeunes époux, et des deux côtés du trône, un degré plus bas, se trouvaient les tabourets des princes et princesses du sang; toutes les tribunes, à l'exception de celle de l'Empereur, qui était exclusivement assignée au corps diplomatique, étaient garnies de spectateurs.

La bénédiction du mariage finie, l'on remonta dans le même ordre et par le même chemin, dans les appartemens de l'Empereur, et pendant que le cortège défilait, la musique des gardes jouait l'air national connu, *Où peut-on être mieux qu'au sein de sa famille?* Le château et le jardin des Tuileries, ainsi que les maisons des fonctionnaires publics étaient illuminés, et un peuple immense s'était répandu dans le jardin. A peine de retour dans les appartemens, l'Empereur mena la jeune mariée vers un des balcons qui donne sur le jardin, pour voir tirer un feu d'artifice qu'on avait arrangé sur la place de la Concorde, mais qui fut de peu d'effet. Après le feu d'artifice, l'Empereur rentra, aux cris mille fois répétés de *vive l'Empereur et la princesse de Bade!* Le concert commença ensuite; il fut suivi d'un ballet et d'un grand souper, après lequel les jeunes époux furent reconduits par l'Empereur, l'Impératrice et toute la famille impériale, dans leurs appartemens. Le lendemain, le prince et la princesse de Bade accompagnèrent Leurs Majestés à la Malmaison, d'où, après quelques jours, la cour, dit-on, doit se rendre à Saint-Cloud pour y passer l'été.

J'ai fait, ces jours derniers, une course assez curieuse ; j'ai parcouru les différens marchés de Paris, dont le plus remarquable est celui des Innocens, ainsi nommé de la belle fontaine construite au milieu de la place où il se tient. A cette place aboutissent plusieurs autres marchés, où l'on vend du poisson frais et salé, des fruits, de la viande et de la volaille ; et le marché des Innocens, lui-même, est couvert de toutes sortes de provisions. Rien n'est si intéressant que de voir la quantité et la variété des comestibles offerts en vente sur ce marché, et la rapidité avec laquelle disparaissent les tas énormes de légumes de toutes espèces qui y sont amoncelés. Toutes ces denrées sont arrangées avec propreté et même avec une sorte d'élégance, de manière que ces marchés n'offrent point ce coup-d'œil dégoûtant qu'ils présentent presque partout ailleurs. C'est au marché des Innocens qu'on trouve cette classe de femmes fameuses dans les annales de la révolution, connues sous le nom de Poissardes ou de Dames de la Halle, qui se distinguent tant par leur habillement que par leur jargon et leur manière d'être, du reste des habitans de cette vaste cité. Ces femmes, qui, sous l'ancien régime, déjà ont joui d'une sorte de renommée, tant par leur franc-parler que par différentes libertés qu'on leur accordait, jouaient de tout tems un rôle assez remarquable dans les émeutes populaires, et se sont surtout signalées dans les commencemens de la révolution, par une férocité et une soif de sang inimaginables. Les scènes sanglantes du 6 octobre 1789, à Versailles, et du 10 août 1792, à Paris, nous en offrent des exemples qui font rougir l'humanité. Malgré que ces dames, grâce aux soins du gouvernement actuel, aient perdu de leur arrogance et de leur ancienne réputation bien méritée, il faut néanmoins prendre garde qu'en se familiarisant avec elles, on risquerait d'encourir des désagrémens dont on aurait de la peine à se tirer, puisque personne (et sur-tout les provinciaux et les étrangers, qu'un tact particulier leur fait reconnaître au premier abord) n'est à l'abri de leurs plaisanteries, souvent insultantes.

Les lecteurs des contes de Guillaume Vadé, qui entendent le jargon de cette classe de femmes, trouveront en elles l'original du tableau qu'il en a ébauché.

La Halle au blé et à la farine fut construite en 1762, par Lecamus de Manières, qui en fut l'architecte. C'est une rotonde recouverte d'une coupole de cent vingt pieds de diamètre, d'une architecture solide et d'un goût aussi noble que simple. De vastes greniers voûtés règnent au-dessus du rez-de-chaussée; on y monte par deux escaliers d'une construction tout-à-fait particulière. Ces greniers sont remplis de sacs à grains et à farine, qui sont entassés les uns sur les autres. Au centre de la rotonde, il y a une sorte de pavillon où l'on trouve des provisions de lentilles, de fèves, de pois et d'autres légumes farineux.

C'est en parcourant les marchés de Paris, et en faisant attention aux comestibles et aux denrées en tout genre que journellement on y débite, qu'on peut parvenir à se faire une idée, quoique imparfaite encore, de la consommation étonnante qui a lieu annuellement à Paris, dont la population, y compris les étrangers, peut se monter, en ce moment, à près de six cent mille ames, qui, réunies dans une circonférence de huit lieues, exigent tout le labeur et toute l'industrie des départemens qui l'avoisinent, pour être nourries. Sous l'ancien régime, et sur-tout quelques années avant la révolution, la population de Paris était bien plus considérable qu'elle ne l'est présentement; et quoique des calculs exagérés la portassent à un million, on pouvait cependant la fixer à plus de huit cent mille individus. Malgré une diminution de près de deux cent mille ames, que cette cité a éprouvée, je ne puis concevoir encore comment il est possible que les départemens, qui tous ont été plus ou moins dépeuplés, tant par l'émigration que par le règne de la terreur et par une guerre qui n'a point cessé depuis seize ans, puissent toujours pourvoir aux besoins de la capitale, et lui fournir les denrées nécessaires.

A l'extérieur de la Halle au blé, on remarque une grande colonne d'ordre dorique, que Catherine de Médicis fit bâtir, et qui, à cette époque, lui servait d'observatoire. Au bas de cette colonne, on a pratiqué, depuis, une fontaine qui donne de l'eau de la Seine. Les entre-sols de presque toutes les maisons qui entourent et avoisinent la Halle au blé, sont occupés par des femmes publiques de la basse classe, qui, vêtues de la manière la plus indécente, sont en plein jour couchées dans l'embrasure des fenêtres, et agacent les passans pour les engager à monter chez elles. Mais grâces à la surveillance active de la police de Paris, cette licence indécente vient d'être réprimée par un ordre de la police, qui a paru il y a quelques jours, et qui défend à cette classe de femmes abjectes, sous peine d'une punition corporelle, de paraître de jour, au moins, aux fenêtres.

La police de Paris, qui, de tout tems, a été reconnue comme le modèle de ce genre d'administration, et qui, sur-tout, sous la direction de M. de Sartines, avait acquis le plus haut degré de célébrité, n'a point démérité de sa réputation depuis qu'elle se trouve sous la direction du ministre de la police générale Fouché, qui, avec l'aide de quelques conseillers d'état adjoints, et de quelques commissaires de police nommés pour la surveillance spéciale des différens quartiers et arrondissemens de la ville de Paris, règle en chef cette branche d'administration, dont il n'a de compte à rendre qu'à la personne même de l'Empereur, auquel il fait, tous les matins, le rapport de ce qui s'est passé la veille. Comme la police de toute la France se trouve concentrée dans les mains d'un seul individu, dont le pouvoir est presque illimité, et comme ce chef a des sommes considérables à sa disposition pour l'emploi des dépenses secrètes, on peut concevoir que cet établissement a un degré de supériorité éminent sur tous ceux de ce genre, dans les autres pays où, par un esprit de parcimonie, on ne donne à la police que les secours nécessaires pour en maintenir l'appareil aussi peu imposant que ridicule. Il n'existe aucun lieu public de réunion, aucune grande société, et même aucun petit comité à Paris, qui ne se ressentent plus ou moins de la surveillance de la police, dont les ramifications innombrables s'étendent même jusques dans le sanctuaire du cercle le plus intime. Les espions de la police, dont le nombre est incalculable, embrassent toutes les classes de la société.

D'après l'opinion de toutes les personnes qui ont connu Paris, longtems même avant la révolution, cette ville n'a jamais été aussi tranquille que dans ce moment. On peut passer en toute sécurité, et à toute heure de la nuit, les rues de Paris sans courir le moindre risque. Le guet, tant à cheval qu'à pied, est d'une surveillance si éprouvée, qu'au moment où vous croyez être dépourvu de tout secours, vous vous trouvez enveloppé par lui de tous les côtés. Malgré que Paris, plus même que toute autre grande ville, réunisse une quantité considérable de fainéans, de chevaliers d'industrie et de filoux, on assure cependant qu'on entend depuis quelque tems, beaucoup moins qu'anciennement, parler de tours de filouteries et d'escroqueries. Je me suis souvent trouvé dans la foule, et jamais je n'ai été volé, malgré cependant, qu'à l'instar de presque tous les étrangers, je n'aie pas usé des précautions dont les Parisiens se servent pour se garantir des escrocs.

La ville de Paris entretient, pour le maintien de sa sûreté et de sa police, deux régimens complets d'infanterie, et même un régiment de dragons. Ces corps ne sont composés que de gens éprouvés, c'est-à-dire, de soldats qui ont déjà servi, et d'officiers qui ont déjà fait des campagnes. Ces régimens sont bien payés et habillés; et quoique, d'après le but de leur formation, ils ne soient destinés qu'au service de la ville de Paris, on les a vu néanmoins, dans la dernière guerre contre l'Autriche, marcher contre l'ennemi.

J'ai été, hier, à l'Hôtel impérial des Invalides, dont le gouverneur actuel est le sénateur et maréchal d'empire Serrurier, qui, comme tel, est obligé de demeurer aux Invalides. Cet hôtel, qui est bâti d'après les dessins de Libéral Bruant, architecte, doit son origine à la munificence de Louis XIV, qui a fondé cet établissement pour servir de retraite aux officiers et soldats qui avaient passé vingt ans sous les armes, ou qui étaient blessés et hors d'état de servir.

L'avenue de l'Hôtel des Invalides est formée par une vaste esplanade plantée d'arbres, qui s'étend jusqu'aux bords de la Seine, et au milieu de laquelle se trouve une fontaine qui sert de piédestal au superbe lion ailé de Saint-Marc, qui, par droit de conquête, a été apporté de Venise avec les quatre chevaux de Corinthe.

L'Hôtel des Invalides, qui forme un carré parfait, est devancé par une vaste cour, entourée de fossés et fermée par une belle grille. Cette cour tient lieu de promenade aux invalides que l'âge, ou les infirmités empêchent de sortir de l'hôtel. Elle renferme la façade de l'Hôtel des Invalides, qui a deux cent dix toises de long, et qui est d'une architecture mâle et imposante. Au milieu de cette façade se trouve une grande porte, ornée des figures colossales de Mars et de Minerve, et conduisant à la plus grande cour intérieure, qui forme un carré entouré d'arcades l'une sur l'autre, lesquelles éclairent les galeries qui règnent tout autour, et où se promènent les invalides en cas de mauvais tems. Le nombre des invalides en ce moment réunis à l'hôtel, se monte à environ trois mille, y compris les officiers de tout grade. Ils sont distribués en différentes divisions, dont chacune a un chef pour le maintien de l'ordre et de la propreté. Le gouverneur des Invalides a sous lui différens officiers qui forment son état-major, ainsi que des commissaires des guerres, un trésorier, des médecins, des chirurgiens, un pharmacien et un aumônier. C'est à ce conseil d'administration que sont confiés tous les détails du service de la maison, ainsi que la direction générale de la police intérieure, tant de l'Hôtel des Invalides à Paris, que des succursales établies à Louvain et à Avignon.

Les invalides sont, selon leur grade

militaire, répartis dans différens dortoirs ; ils sont bien couchés, et font deux repas par jour. Ils jouissent de la liberté de manger en société dans les réfectoires, ou seuls dans leur chambre, à condition cependant qu'ils emportent alors eux-mêmes le dîner et le souper, dont le premier consiste en soupe, viande et légumes, et le second en viande et légumes ; outre cela, ils reçoivent une ration déterminée de pain et de vin par jour. Comme ils sont logés, nourris, chauffés, éclairés et bien vêtus, ils ne touchent point de solde ; mais, chaque mois, on leur donne quelque peu d'argent pour acheter du tabac, paie qui est plus ou moins considérable, selon le grade militaire. Anciennement les officiers avaient une table séparée et mieux servie que celle du reste des invalides ; mais au commencement du règne de l'égalité, les grades furent confondus, et tous les invalides mangèrent à la même table et sans distinction de nourriture, et cet ordre des choses existe encore aujourd'hui.

Dès qu'un invalide est malade, il est transféré à l'infirmerie, qui est très-bien soignée, et où il ne manque rien. Chaque invalide a la permission de sortir et d'aller en ville quand bon lui semble, sans même qu'il y ait une heure préfixée à laquelle il doit être de retour chez lui. L'existence de ces vieux militaires est certainement la plus heureuse du monde. Débarrassés de toute inquiétude sur les moyens de subvenir aux besoins de l'existence physique, ils n'ont rien autre chose à faire qu'à tâcher de tuer le tems. Ils portent presque tous l'empreinte du contentement ; et lorsque des curieux viennent visiter cet établissement, ils s'épuisent en éloges sur la manière dont ils sont tenus et traités. Il est intéressant de causer avec ces bons vieillards, qui forment un répertoire parlant des évènemens de la guerre de sept ans et de la précédente, en Flandres. Le récit des batailles auxquelles ils assistèrent, les souvenirs des grandes actions dont ils furent les témoins raniment le feu de leur jeunesse, et les rendent même quelquefois éloquens. Moins heureux certainement sont ceux qui, estropiés à la fleur de l'âge, n'ont que le souvenir récent de leur malheur, qui les prive des douces jouissances qu'une famille chérie leur réservait au retour d'une campagne glorieuse.

Depuis le mois de février 1800, l'Empereur a enrichi cet hôtel d'une bibliothèque de près de vingt mille volumes, composée des meilleures ouvrages en tout genre, et qui excelle sur-tout pour la partie historique. Cette bibliothèque, placée dans une grande salle, est ouverte tous les jours aux invalides, depuis neuf heures du matin jusqu'à trois heures de l'après-midi, le dimanche excepté. Cette salle est garnie de plusieurs tables pour pouvoir y lire et écrire, et la bibliothèque se trouve sous l'inspection d'un chef de brigade invalide. L'on remarque, dans cette salle, le célèbre tableau de David, qui représente le passage du grand Saint-Bernard par l'Empereur. L'artiste a choisi le moment où l'Empereur, à cheval, monte au galop un rocher très-élevé. Ce tableau est d'un grand effet, tant à cause de la vivacité du coloris, que de la beauté du dessin et de la composition. L'Empereur est représenté dans le costume d'un officier-général, et drapé d'un manteau pourpre à larges plis ondoyés ; son visage porte l'empreinte du plus grand calme, tandis que son cheval blanc, fougueux et couvert d'écume, en employant toute sa vigueur, veut franchir un rocher isolé, entouré d'abîmes et de précipices. Le seul défaut qu'on trouve dans ce tableau, c'est que l'attitude du cheval n'est point naturelle ; car il est tellement câbré, qu'il doit nécessairement tomber à la renverse. Un autre reproche qu'on fait encore à l'artiste, est celui d'avoir trop mis en évidence la draperie du manteau, qui fait du tort au sujet principal du tableau.

L'église des Invalides, une des plus belles de Paris, a la forme d'une croix grecque; le dôme, qui forme presque une nouvelle église, a trois cents pieds d'élévation sur un diamètre de cinquante pieds. Il est construit d'après les dessins de Jules Hardouin Mansard. Autour du plan circulaire du dôme, se trouvent six chapelles ornées, avant la révolution, de belles peintures, qui furent enlevées depuis. Le pavé, qui est à compartimens, et de différens marbres, a été gâté en partie par la populace de Paris, qui, au moment où le système de destruction était à l'ordre du jour, voulut effacer à coups de crosses et de bayonnettes les fleurs-de-lys qui y étaient incrustées.

Les peintures de la coupole représentent la gloire des Bienheureux, peinte par Lafosse ; et l'architecture extérieure du dôme, qui est soutenu par quarante colonnes d'ordre composite, est de toute beauté. Dans le dôme, sont déposées maintenant les restes du fameux maréchal de Turenne, ainsi que le beau mausolée qu'il avait à Saint-Denis, où, pendant de longues années, il reposait dans la même tombe que ses rois. On ne sait trop comment il a échappé à la destruction qu'une foule effrénée porta jusques dans les tombeaux même de ses souverains. Pendant long-tems, son corps fut déposé dans une des salles du Jardin des Plantes, et de-là au Musée des Monumens français, d'où enfin, le 25 septembre 1800, il fut transporté, avec pompe, dans le dôme des Invalides, et déposé dans un sarcophage taillé à l'antique, sur les dessins de M. Lenoir. Ce beau monument, qui est en marbre blanc, représente la France qui, appuyée sur le bord du sarcophage, et entourée des allégories de ses victoires, pleure son héros. Au bas du sarcophage, on remarque un bas-relief qui représente Turenne à la tête de son armée, chargeant les ennemis à Firckheim ; et vis-à-vis de ce monument, du côté opposé du dôme, on voit suspendue une draperie des Gobelins, qui représente le passage du Rhin par Turenne, en 1762.

De chaque côté de l'entrée du dôme dans l'église, on remarque deux grandes tables en marbre blanc, attachées aux parois du dôme, sur lesquelles sont inscrits, en caractères d'or, les noms des braves qui se sont particulièrement distingués dans les dernières guerres, depuis la révolution. Le haut du dôme et de l'église sont décorés de trophées de tous les drapeaux et étendards qui furent pris sur les ennemis, tant dans les dernières guerres que dans les précédentes. Le nombre des drapeaux qui y sont suspendus est au moins de onze cents, et forme un monument immortel de gloire nationale, que les vieux guerriers réunis dans cette enceinte montrent avec enthousiasme.

LETTRE XIe.

Paris, ce 16 avril 1806.

Accablé du chaud terrible que nous éprouvons depuis quelques jours, je me flatte, mon ami, que vous me saurez gré de l'effort que je fais de vous écrire, pour vous donner, avec assiduité, des nouvelles de votre cher Paris, dont le séjour, à mesure qu'on approche de la belle saison, commence à devenir moins agréable, tant parce que le beau monde quitte la capitale pour habiter la campagne, que parce que la chaleur et les exhalaisons des égoûts desséchés par les rayons du soleil, sont presque insupportables.

Le Palais du Corps législatif, ci-devant Palais-Bourbon, fut construit en 1772, sur les dessins de Girardini, architecte italien, et fut de beaucoup augmenté lorsque le prince de Condé en fit l'acquisition. Ce palais, qui est absolument dans le goût romain, n'ayant qu'un rez-de-chaussée, ne le cède en rien aux plus beaux palais de l'Italie. L'entrée, dans la cour du palais, forme un arc de triomphe d'une ordonnance corinthienne, accompagnée de galeries en colonnes isolées, flanquées des deux côtés par des pavillons. Une belle colonnade, à droite et à gauche de la cour, forme un péristile pour entrer dans les appartemens, qui, d'un côté, donnent sur la cour, et du côté opposé, sur un beau jardin qui règne le long du quai de la Seine, vis-à-vis les Champs-Elysées.

La salle des séances du Corps législatif est de toute beauté; elle n'est éclairée que par le haut, moyennant un plafond en verre à miroirs, et forme un demi-cercle, dont la périphérie est garnie de bancs, en forme d'amphithéâtre, où se placent les membres du Corps législatif. Au-dessus de cet amphithéâtre, sont les tribunes pour les spectateurs ; et vis-à-vis, au milieu du diamètre, sur lequel repose le demi-cercle, se trouve une tribune élevée de quelques degrés, où est placé le siège du président, qui est en bois d'acajou, orné de bronzes en or moulu, de la forme d'une chaise curule, tandis qu'à quelques degrés plus bas, sont placés les secrétaires et les huissiers. Sur le devant de la tribune, on remarque un beau bas-relief en marbre de Carrare, et des deux côtés, les statues, en marbre, des plus fameux législateurs de l'ancienne Rome et de la Grèce. Vis-à-vis du siège du président, au point le plus élevé de l'amphithéâtre, est placée, sur un autel en marbre blanc, la statue assez peu ressemblante de l'Empereur; il est revêtu de la toge, et dans ses mains repose le code des lois. Les portes de cette salle sont en bois d'acajou, décorées de bronzes en or moulu, ainsi que de bas-reliefs en marbre blanc ; et, dans l'antichambre qui précède la salle d'assemblée, on remarque plusieurs beaux tableaux, dont l'un, qui représente l'Empereur au moment où il signe la paix de Léoben, est intéressant par sa parfaite ressemblance.

Le palais du Sénat-Conservateur, ci-devant palais du Luxembourg, fut commencé en 1615, par Marie de Médicis, veuve d'Henri IV, et construit sur le modèle du palais Pitti, à Florence, sous la direction de Jean de Brosse, architecte. La façade de ce palais, qui donne vers la rue de Tournon, est d'une très-belle architecture, et remarquable par la beauté et la régularité de ses proportions. Elle forme une terrasse ornée de balustres, au milieu de laquelle s'élève un pavillon composé des ordres toscan et dorique, surmonté par un dôme. Cette terrasse se termine, des deux côtés, par deux gros pavillons carrés, joints au grand corps-de-logis par des galeries, soutenues chacune par neuf arcades, qui éclairent de larges corridors bien voûtés. Ce palais, dans l'intérieur duquel on fait présentement de grandes réparations, forme un carré parfait, à la suite duquel se trouve un beau jardin, dont une partie vient d'être tout nouvellement plantée, et qui, servant de promenade publique, est d'un très-grand agrément pour tout ce quartier.

Ce palais, qui appartenait ci-devant à Monsieur, frère de Louis XVI, servit, pendant le règne de la terreur, de prison, et fut ensuite habité, pendant près de cinq ans, par le Directoire exécutif. Présentement il est le siège du Sénat-Conservateur, qui y tient ses séances dans une très-belle salle, parfaitement décorée, à laquelle on parvient par un superbe escalier.

On conserve dans différentes salles de ce palais, un très-beau Musée de tableaux, et des sculptures en marbre, de travail moderne. Dans le nombre des sculptures, on distingue un Faune couché, sculpté à Rome par Sergel, sculpteur du roi de Suède, un des artistes les plus distingués de ce siècle, dont j'ai vu, il y a quelques années, avec intérêt, l'atelier à Stockholm;

Un groupe charmant, qui représente l'Amour et Psyché, d'une expression rare. L'artiste a choisi le moment où Psyché, à la lueur d'une lampe, se lève de nuit armée d'un poignard, pour assassiner son époux, croyant que c'est un monstre. Ce groupe a été sculpté à Rome, par Delaistre, artiste français;

La Baigneuse. C'est une nymphe assise sur un rocher, qui fait paître une chèvre; elle cherche à tâter l'eau avec son pied, avant de se baigner; mais croyant entendre quelque bruit, elle est prête à se voiler. Cette statue, qui est d'une expression délicieuse, est de Julien, sculpteur français.

L'on remarque dans la première salle, qui sert de pièce d'entrée à ce Musée, cinq beaux tableaux de Philippe de Champagne, dont le plus distingué est celui qui représente la sainte Cène. Les autres tableaux qui se trouvent dans ce petit salon, dans le nombre desquels on en distingue un beau de Wouverman et de Ruisdael, sont tous de l'école flamande.

Cette salle est suivie d'une grande galerie parfaitement bien éclairée par le haut, dont le plafond est orné de douze tableaux qui représentent les signes du Zodiaque, peints par Jordaëns, peintre flamand. Au milieu de ces douze tableaux, se trouve un tableau peint par Callet, peintre français, qui représente le lever de l'Aurore. Cette galerie est connue sous la dénomination de Galerie de Rubens, et comprend en vingt beaux et grands tableaux, l'histoire de Marie de Médicis, ornés d'allégories, et peints par ce célèbre artiste. Outre les tableaux de Rubens, cette galerie en renferme encore d'autres remarquables, tels que :

L'Adoration des Mages, par Poussin ;

L'Hermite endormi, par Vien, peintre vivant, d'une grande vérité ;

Une sainte Famille, qu'on prétend être de Raphaël, mais que les connaisseurs attribuent plutôt à André del Sarto. Ce tableau, qui se trouvait jadis au palais Pitti, à Florence, représente sainte Elisabeth, recevant des mains de la Vierge l'Enfant-Jésus, dont les regards se tournent vers sainte Catherine, qui le contemple avec ravissement, tandis que du côté opposé à sainte Catherine, se trouve saint Jean, qui, avec satisfaction, montre l'Enfant-Jésus aux spectateurs. La belle composition de ce tableau, l'expression céleste répandue sur la physionomie de sainte Catherine, ses yeux rayonnans de joie, le doux sourire de sa bouche, la satisfaction exprimée dans le regard de la Vierge, font de ce morceau un chef-d'œuvre de l'art.

Près de ce tableau en sont suspendus deux autres de David, peintre historique fameux, et un des plus grands artistes de notre siècle. L'un représente Brutus rentré dans ses foyers, après avoir condamné à mort ses deux fils. Le consul, enveloppé de sa toge, et livré à sa douleur, est assis dans un coin d'une vaste salle, aux pieds de la statue de Rome, qui le couvre de son ombre : ses traits, son attitude, expriment les chagrins cuisans dont son ame est dévorée, et la lutte entre la voix de la nature et ses devoirs envers la patrie. Dans le fond, on aperçoit les licteurs qui rapportent les restes inanimés de ses malheureux fils, et du côté opposé, on voit sa femme et ses filles dans le désespoir.

L'autre représente le moment où les trois Horaces annoncent à leur père le choix qu'on a fait d'eux pour combattre les Curiaces; transporté de joie, il les fait jurer de vaincre ou de mourir. L'audace guerrière et l'attitude fière et imposante des trois Horaces; le groupe touchant de la mère et de la sœur des Horaces, ainsi que de la femme de l'aîné avec ses enfans, tous pénétrés de douleur du cruel combat qui doit se livrer, font un effet admirable.

Ces deux tableaux se distinguent sur-tout par un grand caractère de vérité, de même que par la régularité du dessin et la vivacité du coloris. Il est fâcheux, cependant, que l'artiste se soit écarté de cette unité d'action qui est l'apanage de nos anciens peintres, et qu'il ait établi dans chacune de ces deux compositions, deux sujets d'intérêt différent, qui fixent également l'attention, et dont chacun séparément aurait fourni un sujet suffisant pour faire un tableau.

David, qui a souvent figuré parmi les exaltés, dans les annales de la révolution, n'a pas un extérieur qui prévienne en sa faveur. D'un naturel dur et altier, ni son imagination ni son pinceau ne réussissent guères à former un tableau dont le caractère soit marqué au coin de la douceur et des affections dont elle est la mère. Il lui faut, pour ses compositions, des sujets dictés par l'impétuosité des passions ou des circonstances, dont le caractère étonne, et dont l'action glace d'effroi. David étant peintre de la cour, et soldé par l'Empereur, est occupé d'obligation, en ce moment, à faire le grand tableau du couronnement, qui est d'un travail long et pénible, puisque toutes les personnes de la famille impériale, de même que les grands officiers de la couronne qui paraissent sur ce tableau, doivent être des portraits. Lorsqu'il aura rempli cette tâche, il compte alors, à ce qu'il m'a dit, demander un congé à l'Empereur pour aller en Italie, et exécuter le beau tableau du passage des Thermopyles, par Léonidas, qu'il a composé il y a quelque tems, et qui, d'après les détails qu'il m'en a donnés, doit être d'un intérêt majeur. Au reste, la conversation de David est intéressante et instructive, parce qu'outre qu'il raisonne très-bien de son art, il a fait des études profondes dans l'histoire ancienne.

Au bout de la galerie de Rubens, se trouve celle de Lesueur. Ce peintre célèbre, qu'on nomme souvent le Raphaël de la France, ne fut jamais en Italie, et ne se forma que d'après les statues antiques et les ouvrages de Raphaël, qu'il trouva dans sa patrie. Mais un travail réfléchi, soutenu par son génie, lui fit bientôt atteindre ce degré de perfection auquel il est parvenu. Les tableaux de Lesueur se distinguent par un dessin pur et correct, par une noble simplicité dans la composition, par une expression admirable, et par cette touche franche et sublime qui caractérise les ouvrages de l'artiste qu'il choisit pour modèle, et qu'on trouve si rarement dans ceux qui sortent de l'école française. Lesueur fut enlevé trop tôt à la France; il mourut à l'âge de trente-huit ans, et emporta avec lui un talent qu'aucun de ses compatriotes n'a su depuis s'approprier.

La galerie de Lesueur offre, en vingt-quatre tableaux, l'histoire de saint Bruno, fondateur de l'ordre des Chartreux. Il commença cet ouvrage en 1648; il le peignit sur bois, et l'acheva dans l'espace de trois ans. Après la mort de Lesueur, ces tableaux, qui décoraient le monastère des Chartreux, à Paris, furent fortement endommagés; mais après, qu'en 1776, on les eût ôtés de-là pour les placer dans la galerie du Louvre, ils furent enlevés de dessus bois pour être mis sur toile, et confiés ensuite à des mains habiles pour en retoucher les parties dégradées. L'on remarque dans cette belle collection, la vérité avec laquelle l'artiste a peint le caractère des cénobites, dans le nombre desquels on distingue toujours, d'une manière signalée, le saint personnage dont il a tracé l'histoire.

Outre ces deux galeries, on admire encore celle de Vernet, qui, avec Huë, peintre encore vivant, a peint, par ordre du gouvernement, tous les ports de France. Ces tableaux, au nombre de vingt-quatre, se trouvent distribués dans un appartement composé de trois pièces, et sont d'un aussi grand effet que leur sujet est intéressant pour tout Français.

Je ne vous ai point parlé encore du bois de Boulogne, dont le nom, cependant, est assez fameux par les parties de plaisir que les Parisiens y font journellement. Ce bois, qui est à un quart de lieue d'éloignement de la barrière des Champs - Elysées, sert toujours de rendez-vous, tant pour y ménager des têtes-à-têtes, que pour y vider des affaires d'honneur. Le parc, qui est entouré de murs de tous les côtés, a servi et sert encore d'emplacement aux souverains de la France, pour y forcer le cerf, plaisir dont l'Empereur, que j'y ai vu chasser, jouit quelquefois. Il arrive toujours en carrosse au lieu du rendez-vous, où le premier relais des chevaux de selle l'attend.

Le bois de Boulogne, qui anciennement offrait une promenade délicieuse, propre à garantir de l'ardeur des rayons du soleil, fut dévasté et coupé lors des premières années de la révolution, par les Parisiens, qui manquaient de bois de chauffage; de manière que dans ce moment-ci on n'y rencontre, hormis quelques baliveaux, que des broussailles, et par conséquent point d'ombre. Malgré cet inconvénient, le bois de Boulogne n'en est pas moins fréquenté. Il contient dans son enceinte, outre plusieurs restaurateurs, différens buts de promenade qui attirent toujours le monde, tels que le ci-devant château de la Muette, le Ranelach, où il y a bal deux fois par semaine, et le château de Bagatelle, construit par le comte d'Artois, frère de Louis XVI, et qui est digne d'être remarqué par le jardin anglais qui y est joint, et dont les plantations sont vraiment délicieuses.

J'ai parcouru, ces jours derniers, les grands boulevards qui commencent près de l'église de la Madeleine, au sortir de la rue de la Concorde, et aboutissent à la rue Saint-Antoine. Les boulevards, qui forment une des rues principales et des plus larges de Paris, consistent en quatre rangées d'arbres, bordées des deux côtés de beaux hôtels qui comprennent des jardins et des terrasses. On y trouve des cafés, des restaurateurs, des spectacles, des petites boutiques d'estampes, de musique, de cartes géographiques et de dessins de broderie. L'allée du milieu sert aux voitures et aux gens à cheval, tandis que les deux allées latérales sont réservées exclusivement aux piétons. Ces boulevards prennent diverses dénominations, selon les différens quartiers de la ville qu'ils traversent, tels que le boulevard des Italiens, le boulevard Montmartre, celui de la porte Saint-Martin, du Temple, etc. Ils servent de lieu de promenade dans la belle saison, et ne désemplissent jamais. Rien de si intéressant que de les parcourir aux différentes heures de la journée, pour observer la variété infinie de ce tableau mouvant. C'est sur-tout de midi jusqu'à quatre ou cinq heures du soir, que les boulevards sont le plus fréquentés. Les élégans des deux sexes y viennent promener leurs charmes et leurs ennuis. Dans le nombre des cafés situés sur les boulevards, on distingue le café Hardi, au coin de la rue Cérutti, le lieu de rendez-vous des gens d'affaires; le café Chinois, assez près du fameux pavillon d'Hanovre, qui, construit en forme d'un temple chinois, est assis sur des rochers amoncelés et décorés de pagodes. L'entrée de la cour de ce café forme une voûte de rochers, et la cour elle-même, un joli petit jardin. On trouve dans cette maison des bains arrangés avec infiniment de goût, et on a le choix d'y prendre ou des bains ordinaires, ou des bains à l'orientale, aux savon et parfums, dont le prix néanmoins est un peu cher. Sur le boulevard Montmartre, est le charmant café de Frascati, qui occupe un bâtiment très-considérable, contenant différentes belles salles et des cabinets meublés et décorés avec autant de richesse que de goût. Ce café est justement renommé pour les bonnes glaces, et sur-tout pour les jolies fêtes et les bals que l'entrepreneur de cet établissement donne en hiver dans les salons, et en été dans un joli petit jardin qui est joint à la maison, et où se forme une réunion des femmes les plus jolies et les plus élégantes de Paris. Comme tout est affaire de mode et de fantaisie, à Paris, et que tout ce qui plaît en ce moment doit, par cette raison même, dans quinze jours d'ici paraître maussade et ennuyeux, les lieux de réunion et d'amusement public doivent par conséquent, de même, se ressentir de cette influence, et tel est précisément le cas de Frascati, qui, parce que la multitude vient de se porter à Tivoli, est presque absolument abandonné, et cela, au point qu'ayant été plusieurs fois, au sortir du spectacle, dans ce café, je n'y ai jamais trouvé plus de trois personnes.

Le jardin des Capucines se trouve de même sur les boulevards, mais il va être, sous peu, transformé en une belle et large rue, qui doit faire la communication directe entre les boulevards et la place Vendôme. Ce jardin appartenait anciennement à un couvent du même nom, qui, en partie, a été rasé, mais dont les restes, de même que le jardin, servent de lieu de récréation publique. On trouve dans son enceinte, l'arène d'équitation de Franconi, qui, à raison de douze francs par leçon, enseigne à voltiger et à monter à cheval, et qui, avec ses sauteurs et ses chevaux, donne des tragédies, des mélodrames, des ballets et des pantomimes sur son petit théâtre.

Outre ce spectacle, on trouve encore, dans cette enceinte, la salle d'Apollon, où tous les soirs, à un prix très-modique, il y a bal; le théâtre de Jeunes Artistes, celui des Jeunes Élèves, un théâtre de marionnettes, et des boutiques en bois, ambulantes, où l'on voit des figures en cire, un serpent à sonnettes vivant, et la soi-disant puce diligente, qui, sous peu, doit faire un voyage en Allemagne pour y produire ses talens. C'est sur les boulevards qu'on voit les Panoramas, genre de spectacle qui n'existe que depuis quelques années, et qui nous vient de l'Angleterre, où les premiers essais en furent faits. Il n'y a, dans ce moment, qu'un seul Panorama à voir, puisque les autres sont en route pour être montrés à Lyon : c'est le Panorama de Naples, d'un effet vraiment merveilleux; on croit être sur une élevation qui domine la ville, qui s'étend à vos pieds vers les bords de la mer, et qui offre une variété infinie de points de vue. Près de ce Panorama, il y a une galerie vîtrée, nommée *Passage du Panorama*, qui sert de communication pour se rendre de-là au théâtre Feydeau. Cette galerie, qui n'est éclairée que par le haut, contient une quantité de boutiques en tout genre; des cafés et des restaurateurs. Vous trouvez aussi, sur les boulevards, une quantité de ces petits spectacles facétieux, propres à amuser le peuple, tels que des optiques, des marionnettes, Polichinel sur sa chaise, et des chiens coiffés et habillés, qui dansent au son du tambour et d'une cornemuse, de même qu'une infinité d'autres récréations de ce genre, enfantées par l'industrie que fait naître le besoin de se procurer des moyens d'existence.

J'ai vu, ces jours derniers, le Temple, qui, depuis la destruction de la Bastille, est devenu prison d'état. Mais je ne l'ai vu que dans un certain éloignement, pour éviter les regards inquiets et les questions des soldats qui en forment la garde, et auxquels on en a remis la surveillance. C'est dans cette prison que le dernier grand-maître des Templiers, Jean-Jacques Molay, Bourguignon, de même que le dernier des rois de France, le malheureux Louis XVI, furent enfermés avant d'être conduits à l'échafaud. Ce bâtiment, qui est entouré de hautes murailles, est un des plus anciens édifices de Paris. La grosse tour, flanquée de quatre tourelles, fut bâtie en 1200, par un

Templier, nommé le frère Hubert, et fut autrefois le chef-lieu de l'ordre des Templiers. Mais après que cet ordre fut détruit par Philippe-le-Bel et Clément V, qui firent massacrer et brûler la majeure partie des chevaliers, et que l'ordre de Saint-Jean de Jérusalem fut mis en possession de tous les biens des Templiers, alors le Temple, à Paris, devint la maison provinciale du grand prieuré de l'ordre de Saint-Jean, en France, et fut habité par le comte d'Artois, frère de Louis XVI.

On remarque, sur les boulevards, deux beaux monumens d'architecture, qui sont la porte Saint-Denis et la porte Saint-Martin, dont chacune se trouve au haut de la rue et à l'entrée du faubourg du même nom. La première fut consacrée par la ville de Paris, à Louis XIV, pour immortaliser le fameux passage du Rhin, la prise de quarante villes fortifiées, et la conquête de trois provinces réunies sous son sceptre dans le court espace de deux mois. Le dessus de cette porte est découvert comme les anciens arcs de triomphe, et l'ouverture, qui forme la porte principale, est ornée, de chaque côté, d'une pyramide de trophées d'armes posés sur des piédestaux, qui sont percés chacun d'une porte, pour faciliter le passage des personnes à pied. La porte Saint-Martin, qui est d'une architecture noble et imposante, fut construite en 1674; elle est percée de trois ouvertures, et ornée de quatre bas-reliefs qui représentent la prise de Besançon, la triple alliance, la prise de Lieubourg, ainsi que la défaite des Allemands.

J'ai passé, depuis quelque tems, plusieurs soirées agréables au théâtre Louvois, ou théâtre de l'Impératrice, qui se trouve sous la direction de Picard l'aîné, qui, à-la-fois, est acteur, auteur et directeur de ce spectacle. Le bon choix, la gaîté franche, qui règnent dans les pièces qu'on y joue, joints aux talens des acteurs attachés à ce théâtre, en font un des meilleurs spectacles de Paris. Le grand mérite des comédies qu'on y donne, c'est qu'elles sont le tableau fidèle de la vie. Les auteurs qui travaillent pour ce spectacle n'ont point pris pour modèle ce qu'on nomme la grande société; mais ils ont étudié et parfaitement peint les mœurs de la société du second rang, c'est-à-dire, du bon bourgeois de Paris, de cette classe qui se moque des préjugés vulgaires du grand monde, et qui forme le soutien le plus solide et la base du bien-être de tout état. Ce serait sur ce théâtre qu'on donnerait nos comédies d'Iffland, qui sont parfaites, tant qu'il se borne à dépeindre les mœurs, les vertus et les ridicules du cercle dans lequel il vivait, mais qui deviennent médiocres dès qu'il entreprend de se lancer dans une sphère plus élevée. On a donné, il y a quelques jours, à Louvois, deux pièces charmantes dont Picard l'aîné est l'auteur. Ce sont *les Provinciaux à Paris* et *les Marionnettes*. Cette dernière, qui est toute nouvelle, est une critique parfaite des hommes du monde. Clozel, un des acteurs les plus distingués de ce spectacle, joua, dans une grande perfection, le rôle de Parasite dans *les Marionnettes*, de même que Vigny, celui du Maître d'école. L'Empereur, qui a entendu parler de cette pièce, vient de la faire donner par les acteurs du théâtre de Louvois, sur son théâtre particulier, à Saint-Cloud, et en a été si content, qu'il a comblé de ses bienfaits l'auteur et quelques-uns des acteurs.

L'Opéra Buffa italien, qui n'a point de local particulier à lui, donne de même ses représentations, alternativement avec la troupe de Picard, au théâtre Louvois. Ce spectacle n'est guères fréquenté, tant parce que le sujet de ces petits opéras italiens est au-dessous du médiocre, que parce qu'il n'a dans ce moment-ci aucun talent distingué, capable de dédommager de l'ennui que fait éprouver le sujet des pièces qu'on y joue. J'ai assisté dernièrement à une représentation des *Cantatrice Villane*, qui, malgré une musique charmante et assez bien exécutée, m'a comblé d'ennui. Les cantatrices les plus distinguées de ce théâtre, sont mesdames Ferlendis et Cannevasi, dont la bonne méthode peut faire momentanément oublier le jeu ignoble et la tournure gauche, maussade et empruntée des acteurs et actrices de l'Opéra Buffa, qui ne pourra long-tems se soutenir dans ce pays-ci, où l'on veut du parfait et non du médiocre.

LETTRE XIIe.

Paris, ce 24 avril 1806.

J'ai assisté, le 20, à une grande fête que l'Empereur donna au palais des Tuileries, à l'occasion du mariage du prince de Bade avec la princesse Stéphanie-Napoléon. La cour, qui, depuis le 12, est établie à Saint-Cloud, se rendit à neuf heures du matin en ville, où, avant d'aller à la messe, l'Empereur donna audience diplomatique. Au sortir de la messe il y eut grande parade, qui dura ce jour là jusqu'à quatre heures après midi. Une compagnie des élèves de l'Ecole militaire de Fontainebleau, que l'Empereur avait fait venir pour juger de leurs progrès dans l'art militaire, attira, ce jour là, l'attention générale. L'Empereur les fit défiler et manœuvrer devant lui ; et leur tenue, leur précision, tant dans le maniement des armes que dans l'exécution de différentes évolutions, leur valut le suffrage de l'Empereur et l'admiration du public.

Vers les sept heures du soir, le palais et le jardin des Tuileries furent illuminés, et le Conservatoire impérial de musique, placé sur une estrade en bois construite dans le jardin, exécuta différens morceaux de musique à grand orchestre. A neuf heures du soir enfin, commença le bal de la cour, auquel on avait invité deux mille cinq cents personnes, qui étaient réunies tant dans la Salle des Maréchaux que dans la galerie de Diane. Dans chacune de ces deux salles, se trouvait une quadrille composée de quatre contredanses, distinguées par le choix des meilleurs danseurs et danseuses, par l'élégance du costume des dames, et par celui des hommes, qui portaient tous l'ancien habit de cour de Louis XIV. A la tête de l'une des quadrilles, se trouvait Mme la princesse Louis, qui se distingue par sa grâce et sa légèreté. A la tête de l'autre, était Mme la princesse Caroline, dont l'éclat des diamans ne pouvait effacer celui de son teint. Le bal ne se termina qu'à quatre heures du matin. Mais la cour, après avoir fait le tour des deux salons, s'était retirée déjà à dix heures et demie du soir, pour retourner à Saint-Cloud.

J'ai parcouru ces jours derniers, avec enthousiasme, un Musée superbe et unique dans son genre, celui des Monumens français, qui immortalise M. Lenoir, auquel il doit son existence. M. Lenoir, fort des décrets de la Convention nationale, sut braver la mort pour arracher à la fureur populaire les monumens qui ornèrent tant les églises et les monastères de la capitale, que ceux dispersés dans les environs de Paris. Parvenu à son but, il conçut l'idée vraiment sublime d'établir dans le local délaissé du couvent des Petits-Augustins, faubourg Saint-Germain, un Musée historique et chronologique des progrès de l'art de la sculpture en France, en y classant par siècles les différens monumens qu'il avait recueillis. Il a donc employé, à cet usage, tant l'église de ce couvent, que les chapelles, corridors et salles de réfectoire, en formant pour chaque siècle une salle séparée, bâtie chacune avec les débris d'anciens monumens, dont le choix des couleurs, de même que les décorations, sont analogues au siècle dont les monumens y reposent. Cet arrangement, aussi méritoire qu'intéressant, offre donc, en relief, l'histoire de France, de même que celle des progrès de l'art.

Jamais peuple n'eut un monument aussi digne de la gloire et de la grandeur nationales, que celui-ci. Si j'étais Français, mes fils n'étudieraient que dans ce sanctuaire, l'histoire de leur pays, dans ce sanctuaire, dis-je, où chaque pas vous montre les progrès des sciences et des arts, et où les monumens des grands hommes qui illustraient la patrie, en rappelant leurs vertus, doivent les inculquer à leurs descendans.

En entrant dans la première cour de ce couvent, du côté de la rue des Petits-Augustins, on voit un portail magnifique, orné de bas-reliefs de la main de Jean Goujon. Ce monument, qui est digne d'être remarqué à cause de son style élégant, faisait anciennement partie du château d'Anet, que Henri II fit bâtir en 1540 par Philibert de Lorme, à sa belle maîtresse Diane de Poitiers, duchesse de Valentinois. De cette cour, on vient dans la salle dite d'Introduction, qui sert comme de préface à ce grand ouvrage, en réunissant des monumens de tous les siècles, placés suivant leur date ; de manière qu'on peut saisir d'un coup-d'œil les progrès de l'art, depuis les tems les plus reculés de la monarchie française jusqu'à nos jours. Dans le nombre de ces monumens, on remarque quatre autels gaulois, trouvés en 1711 dans les caves de l'église de Notre-Dame, et dédiés à Tibère, de même que les statues de Clovis Ier et de la reine Clotilde, sculptées dans le style de ces tems là. On voit encore avec intérêt, dans cette salle, le beau mausolée de Diane de Poitiers, que le conservateur, M. Lenoir, a fort ingénieusement restauré; le beau buste de l'amiral Coligny, ainsi que la statue, à genoux, du respectable chancelier l'Hôpital; et dans une chapelle sépulcrale, construite à cet effet, le tombeau en marbre blanc de François Ier, élevé en 1550, sur les dessins de Philippe de Lorme. Seize colonnes cannelées d'ordre ionique, soutiennent une voûte ornée de sculpture, sous laquelle sont couchées, sur un sarcophage, les figures nues de François Ier et de la reine Claude, sa femme.

On entre, avec un saint respect, dans la salle du treizième siècle, qui n'est que faiblement éclairée, et qui représente une chambre sépulcrale à la manière de ce tems là. Elle est voûtée en ogives, dont les fonds sont un ciel étoilé, et dont les arrêtes se terminent en culs-de-lampe. On voit, dans cette salle, des figures couchées qui représentent les rois de France de la première et seconde races, exécutées d'après les ordres de Louis IX, qui les avait fait élever dans l'abbaye de Saint-Denis, d'où on les a retirées.

Dans la salle du quatorzième siècle, dont l'architecture montre plus d'élégance que celle du siècle précédent, on distingue le tombeau de Charles V, placé dans le milieu de la salle, et couronné par le modèle d'une église de ce tems-là, exécuté en pierre avec infiniment de délicatesse. Près de ce tombeau, on voit les mausolées que Charles V fit élever au brave connétable Du Guesclin, ainsi qu'à Louis de Sancerre, les ennemis les plus redoutables des Anglais.

La salle du quinzième siècle est arrangée avec tout le goût imaginable, et offre plus d'élégance et de magnificence que les deux premières. Le plafond, les portes et les croisées sont ornés de bas-reliefs et d'arabesques du meilleur style. Le monument le plus remarquable dans cette salle, est celui que François Ier fit ériger dans l'abbaye de St.-Denis à Louis XII. On y voit des arabesques légèrement composés, exécutés en marbre avec une délicatesse surprenante, et l'on remarque avec plaisir les progrès rapides que la sculpture et le dessin firent dans ce siècle.

La salle du seizième siècle prouve le point de perfection auquel furent portés les arts sous le règne libéral de François Ier, le plus preux et le plus galant des chevaliers français. La porte, le plafond, les murailles, sont chargées de décorations travaillées avec soin et goût. Les monumens les plus remarquables de ceux qui sont renfermés dans cette salle, sont :

La statue de François Ier, le chef-d'œuvre de la sculpture française, placée au milieu de la salle ;

Une urne sépulcrale, qui renfermait le cœur de François Ier, sculptée en marbre blanc par Pierre Bontemps, pour la somme modique de 115 livres, ornée de quatre bas-reliefs ;

Le beau tombeau des Valois, d'ordre composite, orné du douze colonnes et d'autant de pilastres, de marbre bleu turquin.

La salle du dix-septième siècle renferme plusieurs beaux monumens; mais en les observant avec attention, on ne saurait s'empêcher de trouver une dégradation bien marquée dans l'état de la sculpture de ce siècle. On trouve dans cette salle, les bustes d'une quantité de savans et artistes, tels que ceux de Jean Racine, de Molière, de Fénélon, Bossuet, Colbert, Corneille, Poussin, Lenôtre, Lully, Lebrun, ainsi que le mausolée d'Henriette Sélincart, morte en 1680, que le célèbre Lebrun, qui était son ami, a peinte sur un marbre noir au moment de sa mort; tableau d'une grande vérité et d'une expression touchante.

Les monumens réunis dans la salle du dix-huitième siècle, portent l'empreinte d'une plus grande perfection que ceux de la salle précédente ; perfection qu'on doit sur-tout au célèbre Vien, qui ramena l'art à l'étude de l'antique. Cette salle contient plusieurs beaux mausolées, de même que quantité de bustes de tous les hommes célèbres du siècle.

Toutes les salles, ainsi que les corridors du Musée, sont ornées de belles peintures sur verre, d'un coloris vif et brillant. On remarque surtout celles de Jean Cousin, tirées de la Sainte-Chapelle de Vincennes, qui représentent des sujets de l'Apocalypse, et celles du même auteur, qui représentent la fable de l'Amour et de Psyché, d'après les cartons de Raphaël.

Dans le jardin du Musée, planté en forme d'Elysée, se trouvent des sarcophages posés sur le gazon, et entourés de cyprès, de myrtes et de roses, dans lesquels reposent les cendres de Molière, de Descartes, de La Fontaine, de Boileau, de Montfaucon, d'Héloïse et de l'infortuné Abeilard. Outre ces sarcophages, on y remarque encore différens beaux monumens, tels que le tombeau du grand Condé et celui de Dagobert Ier, curieux par ses bas-reliefs.

La seconde cour de ce couvent a été arrangée avec les ruines du château de Gaillon, bâti en 1500 par le cardinal Amboise. Cette cour est ornée de quatre façades d'architecture, décorées d'arabesques de la plus riche composition.

La troisième cour, qui n'est point arrangée encore, doit, d'après le plan du conservateur, être ornée d'anciens monumens et débris d'architecture du quatorzième siècle.

M. Lenoir a donné au public un ouvrage très-intéressant, qui contient la description détaillée et raisonnée de tous les objets réunis dans cette collection vraiment admirable. On prétend que ce Musée doit éprouver un bouleversement total, qu'on replacera plusieurs de ces monumens où ils étaient jadis, et que les autres doivent être distribués dans différens cabinets. Mais il faut espérer que ce n'est qu'un faux bruit, et que le gouvernement, protecteur des sciences et des arts, ne souffrira point la destruction d'un établissement aussi précieux pour l'histoire, les arts et la gloire nationale.

J'ai fait, ces jours-ci, la connaissance de M. de Montgolfier, un des directeurs du Conservatoire des arts et métiers, connu par l'invention des ballons aérostatiques, qui, immédiatement avant la manie du magnétisme, firent époque en France. M. de Montgolfier est un homme infiniment modeste, dépourvu de pédantisme et de toute prétention; il ne vit que pour les sciences, et emploie sa fortune aux expériences de physique qu'il fait pour parvenir à de nouveaux résultats intéressans. M. de Montgolfier, auquel j'ai demandé son opinion sur la grande question de savoir si l'on pourrait parvenir à diriger un ballon, regarde la chose comme physiquement impossible, à cause de la quantité innombrable de courans d'airs répandus dans l'atmosphère, qu'on ne peut apprendre à connaître, puisqu'ils changent d'un instant à l'autre, et que par là même ils rendraient toute direction superflue. Il est à desirer que ce genre de navigation reste dans l'état d'enfance où il se trouve maintenant ; car s'il pouvait atteindre ce degré de perfection auquel différens aéronautes ont déjà visé, nous serions bien à plaindre, puisqu'il faudrait absolument changer notre manière de bâtir, pour être à l'abri des visites nocturnes des aéronautes, et que pour le métier désastreux de la guerre, cette navigation offrirait de nouveaux moyens de destruction.

J'ai vu, chez M. de Montgolfier, une nouvelle invention qu'il a faite il y a trois ou quatre ans, connue sous la dénomination de Bélier hydraulique, d'un mécanisme infiniment simple, et d'une construction peu coûteuse. Cette machine sert à faire monter l'eau, avec une chute de deux à trois pieds, à la hauteur de cent et quelques pieds. Elle est très-utile, tant pour le besoin des maisons ou ateliers, que pour l'arrosement des prairies dans des contrées montagneuses. M. de Montgolfier a un modèle de cette machine dans sa cour, qui conduit l'eau jusqu'au haut de sa maison.

Le Conservatoire des arts et métiers se trouve à l'ancien cloître de Saint-Martin, dont l'intérieur est distribué en différentes grandes salles, qui contiennent des modèles de tous les arts, métiers et mécaniques, classés d'après un certain système. On y remarque entre autres, une charmante collection de modèles d'ateliers de différens métiers, où sont réunis, dans le plus grand détail, tous les outils et ustensiles qui y appartiennent, fidèlement imités d'après nature, et travaillés avec un soin étonnant. Cette collection, qui n'est point encore achevée, provient du feu duc d'Orléans, qui avait commencé à la former.

Dans le nombre des choses remarquables réunies dans ce Conservatoire, on distingue une machine faite à Londres pour mesurer le cercle, d'une précision étonnante; ainsi que dans les salles basses, des machines pour fileries en soie et coton, de l'invention du fameux Vaucanson. Une autre salle est destinée aux instrumens nécessaires pour l'économie rurale et pour l'agriculture.

Cette collection, qui est portée au plus grand complet, augmente encore de jour en jour par les modèles de toutes les nouvelles inventions en fait d'arts, métiers et mécaniques qui y sont placés. Des professeurs attachés à cet Institut, donnent des leçons dans toutes les différentes parties de la technologie ; et pour ce qui est des machines de filatures, chaque ouvrier qui veut en apprendre le mécanisme et la manipulation, a la faculté de venir travailler aux modèles qui s'y trouvent, pour s'instruire.

J'ai été, il y a quelques jours, au théâtre Montansier, où j'ai vu un vaudeville charmant, *les Chevilles de maître Adam.* Cette pièce, remplie d'esprit et de saillies, offre un sujet historique assez intéressant, qui se passe sous le règne de Louis XIII. Elle fut suivie du *Niais de Sologne,* rôle que Brunet rend à la perfection. J'ai vu de même, ces jours derniers, un nouvel opéra qu'on a donné au théâtre Feydeau, nommé *le Grand-Père,* dans lequel Mlle Montier remplit, avec un talent tout-à-fait particulier, le rôle de la vieille gouvernante.

Je ne vous ai point parlé encore *des Pots-de-chambre,* genre d'équipage qu'on trouve à Paris pour aller à la campagne. Ces pots-de-chambre sont des cabriolets à deux roues, attelés d'un cheval, de la grandeur à-peu-près des cabriolets des courriers de la malle, dans lesquels, outre le cocher, six à sept personnes peuvent tenir. Ces voitures mènent à raison d'un prix excessivement modique, dans les environs de Paris, soit à Saint-Cloud, Versailles, Saint-Germain, etc. La place de leurs rendez-vous est sur le quai du jardin des Tuileries, où on en trouve souvent près de soixante, toutes à la disposition des amateurs qui veulent les employer. Rien de si plaisant que de passer ce quai un dimanche matin, parce que le nombre des pots-de-chambre qui se trouvent réunis là est plus considérable que les autres jours de la semaine, et que dans un clin-d'œil on est assailli par les voituriers, qui vous demandent si vous ne voulez pas aller à la campagne, et dont chacun vante la bonté de son cabriolet et de son cheval, qui à peine souvent a encore le souffle.

Une institution très-intéressante sous le rapport des secours publics, à Paris, c'est l'établissement du corps des Pompiers, de trois cent six hommes, divisés en quarante-un corps-de-garde, placés dans les différens quartiers de la ville, et qui, soldés par elle, doivent, en cas d'incendies, y porter du secours et éteindre le feu ; aussi ont-ils acquis un tel degré d'adresse et de dextérité, qu'on entend peu parler, à Paris, de grands incendies. La confiance qu'ils inspirent au public est si grande, que si un incendie éclate dans un des quartiers de la ville, au lieu de mettre la main à l'œuvre, on attend avant, avec sécurité, l'arrivée des Pompiers.

Dans une promenade que j'ai faite dernièrement le long des quais de la Seine, j'ai vu la pompe à feu de Chaillot, inventée et dirigée par les frères Perrier, et qui fournit de l'eau à un grand nombre de fontaines à Paris. Cet établissement contient deux immenses machines à vapeur, d'une très-grande dimension, qui mettent en mouvement deux pistons, lesquels, au moyen de la compression de l'air, refoulent l'eau de la Seine jusques sur la partie la plus élevée de Chaillot, où se trouvent quatre immenses réservoirs, qui, dans l'espace de vingt-quatre heures, donnent quarante-huit mille six cents muids d'eau, d'où elle est conduite alors par plusieurs tuyaux, dans les différens quartiers de Paris, dont les fontaines en dépendent. Mais adieu, je vous quitte pour être présenté ce soir à Mme la princesse Borghèse, sœur cadette de l'Empereur, dont l'état continu de langueur et de souffrances n'empêche pas qu'elle soit une des plus belles femmes de Paris.

LETTRE XIIIe.

Paris, ce 30 avril 1806.

J'ai été, ces jours-ci, voir l'église paroissiale de Saint-Sulpice, dans le faubourg Saint-Germain, devant laquelle on vient de former une belle place, en rasant différens bâtimens qui en obstruaient l'approche. Cette église fut commencée en 1646, sur les dessins de Louis Le Vau, et finie sous le règne de Louis XV. Le portail de Saint-Sulpice est un des plus beaux morceaux d'architecture qu'on puisse trouver : il est composé de deux ordres d'architecture l'un sur l'autre, dont celui du rez-de-chaussée est un péristile formé par un double rang de colonnes doriques. L'intérieur de cette église, dont le vaisseau est aussi beau que vaste, est orné de différentes chapelles, qui contenaient anciennement des tombeaux de famille, détruits sous le règne de la terreur. Le plafond du dôme est décoré de belles peintures d'un grand effet, et la chapelle de la Vierge est précieuse, tant pour l'exécution de la statue de la Vierge et des groupes en marbre blanc qui l'accompagnent, que pour la manière ingénieuse dont elle est éclairée.

Ce temple fut, sous le régime directorial et sous la préséance du grand-prêtre Laréveillère-Lépeaux, le point de réunion central de la secte des Théophilantropes, qui y célébraient leur culte. Sur le haut d'une des tours de cette église, où l'on jouit d'une vue très-étendue sur Paris et ses environs, se trouvent un télégraphe, et la ligne du méridien que le célèbre Cassini tira depuis les côtes de la France méridionale jusqu'au nord de cet empire.

Au sortir de Saint-Sulpice, j'ai été voir l'Hospice des Orphelins, rue Saint-Victor, connu anciennement sous la dénomination de Maison de la Pitié. Cet hospice, qui ne contient que des orphelins (les orphelines étant reçues dans un pareil hospice, rue du Faubourg Saint-Antoine), recueille aussi, depuis quelque tems, les enfans-trouvés de sexe mâle, qu'on met encore, si le besoin l'exige, et aux frais de la maison, en nourrice ou en pension à la campagne, jusqu'à six ou sept ans, âge auquel on les reçoit dans l'hospice, où ils ont la liberté de se vouer à tel métier qui leur convient, tels que celui de tisserand, menuisier, serrurier, et autres, dont l'hospice contient lui-même les ateliers. Lorsque ces jeunes gens sont parvenus à un certain point de perfection dans le métier qu'ils ont choisi, on leur accorde, par semaine, un salaire qu'on leur retient jusqu'au moment où ils quittent cet établissement, ce qui a lieu à l'âge de dix-huit à vingt ans. Outre la facilité de pouvoir se vouer à tel métier qui leur convient, ces enfans trouvent encore à l'hospice des maîtres qui leur enseignent les sciences élémentaires gratuitement, étant soldés par le gouvernement, qui dote la maison.

Tous ces enfans, dont le nombre se monte à quelques milles, sont répartis dans différens grands dortoirs bien aérés et tenus avec propreté, où chacun d'eux a son lit à lui. Ils sont bien et uniformément vêtus, et reçoivent une nourriture saine et bien apprêtée. Outre cela, ils ont tous les jours quelques heures de récréation, pendant lesquelles ils peuvent prendre l'air dans une grande cour, tandis qu'à des jours fixes ils se promènent plusieurs fois par semaine sous la direction et l'inspection de leurs gouverneurs.

J'ai fait, avant-hier, une course bien intéressante dans les environs de Paris, du côté de la Malmaison. La belle route qui y conduit passe par le charmant village de Neuilly, aux bords de la Seine, qu'on traverse sur un superbe pont de pierre construit sous Louis XV. Le château de la Malmaison, propriété particulière de l'Impératrice, est une acquisition qu'elle fit il y a dix ans à-peu-près, mais qui, depuis que l'Empereur est parvenu aux premières dignités de l'Etat, a été de beaucoup augmentée. A la Malmaison, l'Empereur quitte tout le faste de la grandeur qui l'entoure ; il y vit absolument pour soi et en particulier, partageant ses momens entre le travail, la promenade et la chasse. Sa suite n'est composée que des personnes les plus nécessaires pour son service, l'emplacement du château n'étant pas assez considérable pour y recevoir beaucoup de monde.

Le petit château est entouré, du côté du jardin, d'un fossé sec, qui est rempli de la plus belle volaille des espèces les plus rares, et dans lequel on a planté quantité d'arbustes exotiques, de même que des lilas qui embaument l'air.

L'intérieur du château est vraiment un bijou, et ne laisse rien à desirer, tant sous le rapport de la distribution, que sous celui de la recherche et de l'élégance de l'ameublement. Plusieurs salles sont en stuc poli, d'un fini parfait; et dans celle qui devance le salon de l'intérieur de l'Impératrice, on remarque une collection intéressante de portraits des différens cheicks auxquels l'Empereur a eu affaire en Egypte, et qui faisaient partie de son conseil. Ces portraits portent un grand caractère de vérité, et toutes les personnes qui accompagnèrent l'Empereur dans son expédition, se réunissent à dire qu'ils sont tous de la plus grande ressemblance.

Le salon où se tient ordinairement l'Impératrice, est arrangé avec un goût infini, et contient différens objets dignes d'intérêt. On y remarque une des deux belles cheminées dont le saint Père fit cadeau à l'Impératrice. Elle est en marbre blanc, d'un travail achevé, et ornée de médaillons en mosaïque et en pierres rapportées, de Florence. Outre cela, on y voit encore deux belles tables en stuc, ouvrage de Florence, de même que les beaux vases en porcelaine de Berlin, que la reine de Prusse envoya, il y a quelques années, à l'Impératrice, et sur lesquels sont peints différens sites du jardin de la Malmaison. Deux beaux tableaux de Girardeau se trouvent suspendus dans ce salon ; l'un représente l'apothéose de plusieurs généraux français : le sujet de l'autre, qui est d'une composition noble et grande, est tiré d'Ossian. A côté du salon est une charmante petite galerie, qui contient un choix de tableaux, dans le nombre desquels se distinguent un très-beau Claude Lorrain, un Raphaël, et quelques Rubens, qui ont du mérite.

L'Impératrice conserve, dans un

appartement de la Malmaison, une collection précieuse d'antiquités, qui n'est point arrangée encore, mais pour laquelle elle compte faire construire une galerie.

Dans le nombre des objets de curiosité qui se trouvent réunis ici, on remarque sur-tout un pavé de mosaïque de toute beauté, trouvé à Pompéïa, et très-bien conservé, dont le roi Ferdinand des Deux-Siciles avait fait hommage à l'Impératrice, en y joignant encore des vases étrusques d'une grandeur et d'une beauté rares; des trépieds en bronze, des lampes, des encensoirs, des vases sacrés, différens ustensiles et vases domestiques, ainsi que des objets de toilette des dames romaines, tels que des boucles d'oreilles, des anneaux et bracelets en or pour les bras et les pieds, objets qui furent tous trouvés dans les fouilles des ruines de Pompéïa et d'Herculanum. Le projet de l'Impératrice est, dit-on, de faire construire une petite chambre absolument dans le style romain, auquel ce pavé en mosaïque doit servir de parquet, et qu'elle veut meubler ensuite avec les objets dont je viens de vous faire le détail. On remarque encore, dans cette collection intéressante, un cercueil romain en bois de liège, dans lequel se trouve le squelette encore très-bien conservé d'un enfant, avec une lampe funéraire ou lacrymatoire, et autres ustensiles que les Romains avaient habitude de poser dans les cercueils de leurs morts; plusieurs momies assez bien conservées, entre autres, une momie d'oiseau d'un ibis, absolument intacte.

Le cabinet de travail de l'Empereur, à la Malmaison, mérite également d'être vu; il est revêtu en bois d'acajou, et forme une petite bibliothèque d'ouvrages classiques; dans l'encoignure d'une des fenêtres reculées, se trouve la table à laquelle travaille le secrétaire de ses commandemens, et sur le devant de l'appartement, est placée une petite table ronde, qui forme le bureau de l'Empereur, près duquel est suspendu un très-beau portrait de Frédéric II; le reste de l'appartement est orné de différens bustes d'hommes célèbres.

Le parc de la Malmaison, qui a été déjà augmenté à plusieurs reprises, sera sous peu encore agrandi considérablement, et s'étendra jusqu'auprès de Versailles. Ce parc est arrangé dans le goût des jardins anglais, et contient à-la-fois des collines, des rochers, de l'eau et des bois de haute futaie. Tout le parc est parsemé de parterres, avec des plate-bandes en fleurs d'une rare beauté, d'arbres et d'arbustes exotiques, dont les différentes nuances forment des points de vue délicieux, et dont les exhalaisons suaves embaument l'air. Ce parc contient une petite ménagerie composée d'animaux d'espèces rares, qui sont enfermés dans des enclos séparés les uns des autres. On y remarque entre autres des gangarous, animal originaire de la Nouvelle-Hollande, que l'Impératrice a retirés de la ménagerie du Jardin des Plantes, à laquelle elle en avait fait cadeau, comme d'une chose rare, mais qui, j'ignore par quel motif, n'y ont pas réussi.

Dans le nombre des oiseaux étrangers, on remarque particulièrement une belle autruche, une quantité de perroquets, de cacadous et de perruches d'espèces différentes; des cygnes noirs, des pigeons des îles Moluques, d'une grandeur et d'une beauté distinguées, dont le roucoulement imite le roulement d'un tambour, de même qu'un couple d'écureuils volans, dont la femelle venait de mettre bas.

La belle serre qui se trouve dans ce parc, est sous l'inspection particulière de l'Impératrice, qui s'est beaucoup appliquée à l'étude de la botanique, et dont l'heureuse mémoire lui fait conserver les noms techniques de toutes les plantes et arbustes exotiques qui se trouvent dans cette serre. J'y ai vu, avec intérêt, le papyrus des Egyptiens, et l'arbre de pain.

A côté du château, l'Empereur a fait construire une jolie petite salle de spectacle, où la famille impériale a déjà joué, à différentes reprises, en société.

Près de la Malmaison on remarque une jolie caserne pour un détachement des gardes impériales, qui y vient faire le service à chaque séjour de l'Empereur.

J'ai fait, ces jours derniers, la connaissance d'Isabey, un des artistes distingués de Paris, dont le talent porte sur-tout sur la peinture en miniature, genre dans lequel il a acquis un haut degré de perfection. Il a fait, il y a quelques années, un beau tableau, en bistre, de la grande parade qui, sous le règne consulaire, avait lieu tous les dix jours. Les portraits de l'Empereur et des premiers officiers qui l'entourent y sont tous d'une ressemblance parfaite.

J'ai été, depuis peu, au spectacle de la porte Saint-Martin. Cette salle, qui a six rangs de loges, est une des plus vastes de Paris, et servait anciennement d'emplacement au grand Opéra. Dans ce moment-ci, elle est occupée par une troupe qui joue la comédie, la pantomime, des mélodrames à grand spectacle, et qui donne des ballets. On donna, ces jours derniers, une représentation d'un grand ballet-pantomime, en trois actes, nommé *Jenny*, ou *la Mère coupable*, qui, sans avoir le sens commun, fut néanmoins applaudi à tout rompre. Je me suis trouvé tellement dépaysé dans ce spectacle, que j'ai eu peine à me persuader que j'étais à Paris, parce que le monde qui fréquente pour l'ordinaire le théâtre de la porte Saint-Martin, et les costumes qu'on y rencontre, sont absolument différens de ce qu'on est habitué de voir dans les autres spectacles. La troupe de la porte Saint-Martin joue presque tous les quinze jours une fois sur le théâtre de la Cité. Je les y ai vu, ces jours derniers, représenter un assez joli mélodrame, intitulé, *Frédérick II à Spandau*; mais les costumes étaient absolument manqués; et les gardes de Frédérick, qui ne le quittaient pas plus que son ombre, et le nom de Quinzel donné au bon général Quintus - Cæcilius, prêtaient beaucoup à rire. Cette pièce fut suivie du joli ballet *le Page inconstant*, dont le sujet est tiré du *Mariage de Figaro* ou *la Folle Journée*. La salle, qui est fort vaste, bien décorée, et à quatre rangs de loges, était assez remplie par les habitans du quartier, qui, moins avides de plaisirs que le reste des Parisiens, ne courent guères les autres spectacles. Il était près de dix heures du soir lorsque le spectacle finit. La nuit était sombre et pluvieuse, et je cheminais le long des quais de la Seine pour retourner chez moi, lorsqu'arrivé au-delà du Pont des Arts, près d'un des passages du Louvre le moins fréquenté, une belle voix de femme attira mon attention : je m'arrête, et, à la faible clarté d'un réverbère, j'aperçois entre les décombres des pierres de bâtisse qui sont entassées là pour la restauration du Louvre, une femme habillée de blanc et voilée au point de ne pouvoir être reconnue, qui chantait d'une voix touchante et expressive, des romances, tandis qu'à quelque distance de-là, un homme se tenait caché, qui semblait la surveiller. Je m'arrêtai quelque tems pour écouter, sans pouvoir concevoir la raison de cette apparition étrange ; mais j'appris, le lendemain, que plusieurs pauvres honteux, gens de famille, victimes aussi malheureuses qu'innocentes de la révolution, parcourent de nuit les rues de Paris, et cherchent à émouvoir la sensibilité des passans pour gagner quelques moyens d'existence. L'homme caché était le mari de cette femme, qui se tenait près d'elle pour la défendre, et la mettre, au besoin, à l'abri de toute insulte.

J'ai été hier à l'Observatoire, situé à l'extrémité du faubourg Saint-Jacques, et qui a été construit en 1667, par ordre du grand Colbert, sur les dessins de Claude Perrault. Ce bâtiment, d'où l'on découvre un horizon très-étendu, est situé sur un rocher un peu élevé, et offre par conséquent un vaste champ à toutes les observations astronomiques. Il est construit en pierre, voûté partout; et ce qu'il y a de plus singulier, c'est qu'on n'a employé dans sa construction ni fer ni bois. Les quatre faces de l'Observatoire sont exactement placées aux quatre points cardinaux de l'horizon. On remarque dans une des salles, au premier étage de cet édifice, la ligne méridienne tracée par Cassini, qui divise ce bâtiment en deux parties, et qui traverse toute la France, depuis Barcelonne jusqu'à Dunkerque.

Dans une autre salle, se trouvent une bibliothèque assez considérable, et un grand nombre de beaux instrumens astronomiques, notamment un télescope de Herrschel, de vingt-deux pieds de longueur. Au haut de l'Observatoire, qui est couvert d'une plate-forme, on jouit d'une vue très-étendue sur Paris et ses environs. Delà on descend dans les caves de l'Observatoire par un escalier à vis de trois cent soixante marches ou quatre-vingt-cinq pieds sous terre. A la place du noyau de l'escalier, on a laissé un vide qui correspond depuis le fond des souterrains jusqu'à la dernière voûte de cet édifice, formant un tuyau de plus de cent cinquante pieds de hauteur, par lequel on peut voir en plein jour les étoiles qui se trouvent au zénith. Ces souterrains, croisés par différentes routes, sont murés et soutenus par des poutres, pour empêcher les éboulemens des terres, qui, posées sur un fond miné, pourraient s'affaisser et entraîner la ruine des maisons qui sont bâties dessus. Ces souterrains forment une espèce de labyrinthe, dans lequel il serait très-dangereux de pénétrer seul et sans guide, puisqu'ils correspondent avec les souterrains des carrières sur lesquelles est bâtie une grande partie du faubourg Saint-Germain, ainsi que celui de Saint-Jacques. La ville de Paris, qui tire ses pierres de bâtisse des carrières qui l'avoisinent, ignorait pendant long-tems le danger de la position d'une partie de cette cité ; mais vers le milieu du siècle passé, l'écroulement de plusieurs maisons fit prendre le parti d'ordonner à cet égard des recherches sérieuses, dont le résultat fut qu'on trouva qu'une partie de la ville était construite sur des carrières exploitées, et qu'en différens endroits les terres s'étaient affaissées, tandis qu'en d'autres il s'était formé des crevasses, par la raison que différens rochers avaient cédé faute de point d'appui. La crainte de voir des quartiers entiers de Paris ensevelis dans les abîmes des carrières, engagea à prévenir ce malheur par des travaux inouïs, qu'on commença aussitôt, et dont beaucoup d'ouvriers furent la victime. On combla, d'un côté, ces souterrains, et de l'autre on soutint les rochers et la terre par des murs. On trouve dans ces souterrains de belles stalactites, formées par les eaux qui filtrent par la terre et les rochers.

J'ai assisté, ces jours derniers, à une représentation des *Templiers*, tragédie de Raynouard, qui a paru il y a quelques années avec le plus grand succès. Talma joua le rôle du jeune Marigny, et y développa un talent étonnant. Celui de Molay fut rendu par Saint-Prix avec toute la dignité dont l'imagination aime à parer le grand-maître de cet ordre illustre; et le rôle de la reine fut rendu par Mlle Georges, dans une grande perfection.

Un objet excessivement négligé, c'est la manière d'éclairer la ville, qui est réellement au-dessous de la critique. Il semble qu'on a calculé beaucoup sur la clarté que répandent dans les rues les boutiques, qui sont ouvertes jusqu'après les onze heures de la nuit, car cette heure une fois passée, et les boutiques fermées, on a toute la peine du monde à voir clair, tant parce que les réverbères sont placés à une très-grande distance les uns des autres, que parce qu'ils ne jettent qu'une faible clarté, ce qui provient, ou du défaut d'huile, ou du défaut de propreté.

Voilà qu'il sonne deux heures du matin, et quelque puisse être le degré de clarté que les réverbères répandent encore dans les rues de Paris, je vous souhaite le bon soir, et vais me jeter dans les bras bienfaisans de Morphée, m'abandonnant aveuglément aux directions qu'il lui plaira de donner à mon imagination, dont l'action s'exprime par le nom énigmatique d'un songe.

LETTRE XIVe.

Paris, ce 6 mai 1806.

On a donné, ces jours-ci, au Théâtre français, une représentation du *Tartuffe*, de Molière, suivi de *M. de Crac dans son petit Castel*, comédie en un acte, par Collin-Harleville. La scène se passant en Gascogne, l'auteur n'a pas manqué de se divertir aux dépens des bons habitans des bords de la Garonne, qui, tant par leur accent que par le talent qu'ils possèdent de faire des contes, sont toujours en butte aux traits de la plaisanterie.

J'ai été dernièrement au Jardin des Plantes, situé aux bords de la Seine, dans le faubourg Saint-Marceau. Ce jardin, qui doit son existence à Guy de la Brosse, premier médecin de Louis XIII, a acquis une grande célébrité sous la direction du fameux comte de Buffon, aux soins duquel Louis XV l'avait confié, et a été de beaucoup augmenté par son successeur, M. de Daubenton, de même que sous la direction du sénateur Lacépède.

Ce jardin est très-vaste ; il contient un jardin botanique, dans lequel se trouvent des serres chaudes et froides, d'une grande étendue, qui renferment des plantes, fleurs, arbres et arbustes exotiques de presque tous les pays du monde. Un grand bassin renferme des plantes aquatiques, tandis qu'un autre, dont les talus en gradins forment des plate-bandes couvertes de plantes et d'arbustes, entouré d'une grille, réunit à-la-fois des paons et une quantité d'oiseaux aquatiques qui s'y promènent librement. Plus loin, et près des bords de la Seine, on trouve un bâtiment précédé d'une petite cour, dans lequel sont logés, dans des cages séparées, les animaux de la ménagerie, qui fut formée des débris de celle de Versailles. Dans le nombre des animaux rares enfermés dans cette enceinte, on remarque l'ours blanc de la mer Glaciale, la panthère du Cap de Bonne-Espérance, un tigre noir, le tigre royal du Bengale, deux hyènes, l'une d'Orient, l'autre d'Afrique; l'ycneumon, ou rat de Pharaon, d'Egypte, et deux lionnes, dont l'une a un compagnon fidèle qui ne la quitte jamais; c'est un chien braque, qui est enfermé dans sa cage, et dont elle souffre avec patience toutes les agaceries, à l'exception des heures de son repas, où elle n'entend point plaisanterie sur ce chapitre, et pendant lesquelles la pauvre petite bête se retire respectueusement dans un des coins de la cage. Il y a quelques années que la ménagerie possédait trois lions, dont l'un fut échangé contre un objet de curiosité, et dont les deux autres sont morts depuis.

Non loin de la ménagerie, est une

espèce de vallée champêtre, parsemée de quantité de cabanes couvertes de chaume, placées dans des enclos séparés, au milieu d'une belle pelouse, et fermées par des treillages de bois de châtaigniers, entrelacés à la manière suisse. Chacune de ces habitations est variée pour la forme et la structure, mais toutes sont construites de la même matière, c'est-à-dire, de bois d'orme. Un enfoncement, sur lequel est jeté un pont formé de troncs d'arbres, sépare la vallée en deux parties, et offre des points de vue variés et pittoresques. Chacune de ces habitations renferme des bêtes rares, qui se promènent librement dans leurs enclos. On y trouve différentes espèces de moutons et de boucs d'Afrique et de Barbarie, des biches d'Asie, des cerfs du Gange, des bouquetins et chamois des Alpes, des dromadaires et des chameaux, réunis avec des taureaux sans cornes, de la Barbarie, dans une cabane construite à la manière des Arabes, et des singes d'espèces différentes. Une étable suisse renferme deux beaux buffles; et près de-là on trouve un bassin où se jouent des cygnes et autres oiseaux aquatiques, et dont les bords sont animés de plusieurs oiseaux exotiques. Une de ces habitations renferme un zèbre d'une grande beauté; des casoars de la Nouvelle-Hollande se trouvent dans une autre, de même qu'à peu de distance de-là, un de ces enclos est habité par le gnou, animal très-curieux, originaire d'Afrique, qui, à une tête de bœuf, joint la taille d'un âne, la forme d'un cheval, et les pieds d'un cerf.

A l'extrémité de cette vallée, qu'on désigne communément sous le nom de la Vallée suisse, s'élèvent des monticules semés de gazon, qui forment un sorte d'amphithéâtre. Ces collines sont couvertes d'arbres et d'arbustes exotiques. Près du grand cèdre du Liban, on remarque une colonne de granit posée sur des débris de minéraux, érigée à la mémoire de Daubenton, dont les restes reposent dans l'enceinte où se trouve ce monument. La plus haute éminence de ces collines, à laquelle on parvient par une route en spirale, est couronnée par un pavillon fort élevé, d'une forme assez élégante, surmonté d'une sphère en bronze, d'où l'on découvre une vue fort étendue sur Paris et ses environs; et en bas de ce pavillon, on remarque un monument que les naturalistes français ont élevé au célèbre Linnée. Au bout de la vallée suisse, près de la demeure du concierge, est une longue volière grillée à jour, en fils d'archal, dont chaque cage contient une espèce d'oiseaux.

On distingue, dans le nombre, deux orfraies, un aigle à tête blanche, différentes espèces de faucons, de faisans, de poules, et un vautour des Alpes, le plus grand et le plus fort des oiseaux de proie. A peu de distance de cette volière, se trouve l'habitation de l'éléphant, qui vient de la ménagerie du feu prince d'Orange, à la Haye. Cet éléphant, dont la taille actuelle est déjà prodigieuse, est une femelle âgée de vingt-trois ans seulement, qui immanquablement augmentera encore de hauteur, puisque les éléphans grandissent jusqu'à l'âge de trente-six ans. L'éléphant est enfermé, tant de nuit que pendant le courant de l'hiver, dans une écurie très-vaste, qui donne dans un enclos fermé, où il prend l'air dans la belle saison. Dans cet enclos se trouve un grand bassin rempli d'eau, dans lequel il se jette quelquefois pour se rafraîchir. Cet animal est infiniment doux et intelligent, et connaît très-bien son gardien. Il y a quelques années qu'un éléphant mâle se trouvait réuni à lui, sans néanmoins que cette réunion ait produit, comme on s'en était flatté, la propagation de cette espèce. Le moment de la première entrevue de ces deux éléphans fut, dit-on, assez intéressant ; ils restèrent, chacun de leur côté, immobiles pendant quelques instans, se regardant fixément, et jetant de part et d'autre des cris affreux, au point qu'on craignait un combat entre eux. Mais lorsqu'en se rapprochant, ils s'assurèrent qu'ils étaient d'un sexe différent, ils se firent beaucoup de caresses, et conservèrent depuis, entre eux, la meilleure intelligence. Quelque tems après, le mâle mourut à la suite de chagrins d'amour ; la femelle en parut triste ; et les Parisiens, toujours prévenans et sensibles, s'empressèrent de faire des visites de condoléance à la veuve-éléphante, comme on se plaisait à la nommer.

A l'entrée du jardin, on voit le cabinet d'histoire naturelle. Au premier étage est une galerie divisée en trois salles, dont les deux premières contiennent le règne minéral, collection de toute beauté et de la plus grande richesse. La troisième comprend le règne végétal. Au second, une autre galerie voûtée, éclairée par des ouvertures pratiquées dans la voûte, contient le règne animal. Cette collection a été beaucoup augmentée par les objets de curiosité qu'on a rapportés de la Haye et de l'Italie, et mérite d'être examinée avec attention, à cause des objets les plus rares qu'on y trouve. Le tout est rangé par système, et conservé dans de grandes armoires à portes vitrées. On admire sur-tout le degré de perfection avec lequel les oiseaux sont empaillés.

Ce jardin comprend encore un laboratoire de chimie, un cabinet d'anatomie, un cabinet de préparation pour l'anatomie et la chimie, un amphithéâtre pour les cours publics, et une bibliothèque choisie, composée en majeure partie d'ouvrages relatifs à l'histoire naturelle.

Les Musées réunis dans l'enceinte de ce jardin, sont ouverts au public à différens jours de la semaine, et tout le monde indistinctement a la liberté d'y aller et de les parcourir. Mais les étrangers et les personnes qui obtiennent une permission de la direction, ont l'agrément de pouvoir s'y rendre tel jour qui leur convient, et d'être introduits dans les différens établissemens de ce bel Institut.

Il en est de même pour tous les Musées établis à Paris aux frais du gouvernement, qui, d'après le véritable but que chaque gouvernement doit avoir pour des collections de ce genre, en les vouant à l'instruction publique, les rend utiles pour les progrès des arts et des sciences, et retire par là même les véritables intérêts de son capital, tant en procurant aux gens de l'art les moyens de se perfectionner, qu'en avançant par là la culture de l'esprit national. Comme tout est gratuit dans ces sortes d'établissemens, on n'y éprouve pas, comme dans presque tous les autres pays, le désagrément d'être entrepris, en entrant dans la salle, par un sous-inspecteur ou domestique du Musée, qui, ennuyeux et ignorant Cicéron, vous récite une mauvaise nomenclature, jointe à une explication inintelligible des curiosités les moins intéressantes à voir, dans l'espoir de soutirer de vous un pour boire.

Le Jardin des Plantes, dans lequel, pendant la belle saison, des restaurateurs viennent s'établir, est ouvert à toute heure de la journée. Entrecoupé par de belles allées bien ombragées, il offre de la fraîcheur contre l'ardeur des rayons du soleil, et sert de promenade publique, fréquentée sur-tout les jours auxquels la ménagerie et le cabinet d'histoire naturelle sont ouverts au public, par un monde innombrable qui se partage dans les différentes parties de ce vaste jardin, ce qui forme un coup-d'œil vraiment intéressant.

J'ai vu, ces jours-ci, l'Hospice de Bicêtre, situé à une demi-lieue de la ville, sur une petite élévation qui domine la contrée. Cet ancien château, bâti par Jean, duc de Berri, frère de Charles V, fut détruit pendant les troubles qui eurent lieu en France sous le règne de Charles VI; rétabli ensuite sous Louis XIII, il fut destiné, par Louis XIV, à une maison de correction, et au séjour d'indigens valides. Actuellement il renferme un hospice où l'on reçoit des hommes indigens et infirmes, ou âgés de soixante-dix ans, de même que des fous du même sexe, et il réunit plus de trois mille pauvres. On trouve encore, dans l'enceinte de ce château, une vaste prison bien gardée, qui renferme tous les malfaiteurs condamnés à mort pendant le délai de leur recours en cassation, de même que ceux qui sont condamnés à la gêne et à la détention.

Tous les bons pauvres réunis dans cet hospice sont partagés dans différens dortoirs de cinquante jusqu'à soixante-dix lits, commis à la surveillance d'un d'eux, pour maintenir l'ordre et la police de la chambre. Ces dortoirs sont grands, sains et bien aérés, et chacun des indigens qui s'y trouvent a son lit pour lui. Toute la maison est partagée en différentes divisions, dont chacune a un réfectoire chauffé, où se réunissent et prennent leurs repas ceux de ces malheureux qui ne sont assujétis à aucun travail. Chacun de ces pauvres est vêtu aux frais du gouvernement, et reçoit, chaque jour, deux fois de la soupe, une portion de fromage, du pain, un peu de vin; et hormis les jours maigres, tous les jours une portion de viande bouillie.

Plusieurs de ces pauvres, qui, par

le tems qu'ils ont passé dans cet établissement, ont acquis un certain degré de confiance particulière, sont nommés Reposans; ils couchent dans des dortoirs composés de cinq à six lits seulement, reçoivent tous les mois quelque peu d'argent pour s'acheter du tabac, sont chargés du soin de la police de la maison, et de conduire, à tour de rôle, les étrangers qui desirent voir les détails de cet établissement.

Les pauvres qui tombent malades sont aussitôt transportés dans l'infirmerie, qui se trouve dans une partie de la maison absolument séparée; elle est propre et bien entretenue, et contient deux autres salles, dont une pour les convalescens, et l'autre pour les blessés. C'est dans celle-ci que se font toutes les opérations de chirurgie.

Les fous sont absolument séparés des pauvres, et partagés en deux classes. La première comprend les imbécilles, qui logent ensemble, et qui, lorsqu'il fait beau, sont réunis dans une grande cour fermée de tous les côtés. De cette cour, on entre dans une autre, fermée par une grille en fer, dans laquelle se trouvent les fous et les loges qui leur servent de demeure, nommées les Petites-Maisons. Chaque fou a sa petite chambre, dans laquelle se trouvent une table, un armoire, une chaise et un lit; mais les fous absolument furieux ne couchent que sur de la paille. Les fous logés aux petites-maisons, sont ceux dont la folie paraît incurable. J'en ai vu plusieurs auxquels la révolution et les malheurs qui en furent la suite, aliénèrent l'esprit. L'eux d'eux, calme et tranquille, ne proférant jamais un seul mot, et restant toujours enfermé dans sa cellule, se trouve là depuis treize ans ; il est presque toujours dans la même position, à genoux, et priant Dieu. Un chef de chauffeurs, l'œil sombre et farouche, se promenait dans la cour; la tête lui avait tourné au moment où on lui avait lu son arrêt de mort.

Les fous absolument furieux restent toujours enfermés dans leurs cellules; mais ceux qui ne le sont point, ou qui n'ont que des accès transitoires de folie, se promènent, dès que le tems le permet, dans la cour. D'après ce qu'il m'a paru, on traite ces malheureux avec beaucoup de douceur et de ménagement, et même les fous les plus méchans ne sont point maltraités. On a adopté ici, pour les dompter, l'invention faite en Angleterre, d'une sorte de chemise de toile grossière, avec des manches très-larges, qui, en leur ôtant le libre usage des mains, les met ainsi hors d'état de pouvoir faire du mal.

Le nombre des fous réunis dans cette cour, se monte à près de six cents; et le bruit qu'ils font, les cris épouvantables qu'ils jettent, et leurs grimaces horribles quand un étranger entre dans cette enceinte, passent réellement toute idée. Je me suis enfui bien vîte de ce séjour malheureux, qui rappelle sans cesse le degré d'humiliation et de dégradation à laquelle est assujétie l'espèce humaine, la partie la plus noble de la création. Les fous qu'on a l'espoir de guérir sont placés à Charenton, à deux lieues de Paris, hospice qu'on présume devoir être réuni à celui de Bicêtre.

On remarque, à Bicêtre, un puits très-profond, percé dans le roc; deux grands seaux, toujours en mouvement, y puisent l'eau et la versent dans un bassin, d'où elle découle ensuite dans un grand réservoir voûté et fort vaste, qui fournit aux besoins de la maison. Chacun de ces seaux a besoin de cinq minutes pour descendre, s'emplir et remonter. Ils sont mis en mouvement par une grande roue que font tourner une vingtaine d'ouvriers, tirés du nombre des pauvres les plus robustes de l'hospice, qui reçoivent un certain salaire par jour.

J'ai assisté, dernièrement, à une représentation de *Lodoïska*, au théâtre Feydeau, qui fut précédée de *Léonce*, nouvel opéra, dont la romance, l'*Hymen est un lien charmant*, est, dans ce moment, l'air à la mode à Paris. Au sortir du spectacle, j'ai encore été faire une visite chez M. de Taleyrand, ministre des relations extérieures, qui reçoit tous les jours, depuis onze heures du soir jusqu'à trois heures du matin. On y trouve, pour l'ordinaire, toujours des membres du corps diplomatique, dont quelques-uns viennent régulièrement faire la partie de whist du ministre.

J'ai été, ce soir, au théâtre pittoresque et mécanique de Pierre. Ce spectacle offre des tableaux mouvans vivifiés et variés de contrées et de sites intéressans, tels que la vue du pont de Saint-Cloud, de celui de Neuilly, avec tout le mouvement qui s'y trouve. Ces ponts sont couverts d'allans et de venans, à pied et à cheval, d'équipages, de chariots, qui se croisent, s'évitent, et passent les uns à côté des autres, sans se toucher. Tout ceci est l'effet naturel de la mécanique. Mais ce qu'il y a de surprenant, ce sont les effets de lumière magique que l'artiste produit dans ces tableaux. Ces teintes différentes, ces changemens visibles de la nuance des couleurs du ciel, selon les différentes heures de la journée; le coucher et le lever du soleil, où toutes les gradations des nuances du coloris sont parfaitement observées, et sur-tout la représentation d'une tempête, d'un effet admirable. C'est dommage que le bon et honnête M. Pierre ne possède pas à un plus haut degré le talent de la parole, car ses explications sont d'une monotonie à peine supportable.

LETTRE XVe.

Paris, ce 12 mai 1806.

Vous auriez tort de vous plaindre du retard que j'ai mis à vous donner de mes nouvelles, car de nombreuses courses que j'ai faites depuis, tant dans la ville de Paris que dans ses environs, en me privant du plaisir de vous écrire plutôt, me procurent en revanche l'avantage de vous donner des détails sur différens objets intéressans que j'ai eu occasion de voir.

J'ai été, il y a plusieurs jours, à l'Hospice de la Salpêtrière, près du Jardin des Plantes, établissement conforme à celui de Bicêtre, et basé sur les mêmes principes, mais destiné exclusivement pour les femmes. Cet hospice, qui est très-vaste, fut fondé par Louis XIV; et comme anciennement on y faisait du salpêtre, il a conservé le nom de Salpêtrière. On y reçoit des femmes indigentes et infirmes de tout âge, mariées et non mariées, des épileptiques et des folles, qui sont presque toutes entretenues aux frais du gouvernement. Le nombre des personnes réunies dans cet établissement, qui est desservi par des sœurs grises, se monte à près de quatre mille. Celles qui sont en état de travailler, sont obligées de gagner leur entretien en travaillant en linge ou en dentelles, ou confectionnant d'autres ouvrages à l'aiguille, qui se vendent au bénéfice de la maison, qui en a l'entreprise et qui en fait les avances. Un certain nombre de bonnes vieilles, renfermées dans cette maison, ont la liberté de sortir tous les jours, mais elles sont sévèrement observées par la police, et il leur est défendu de mendier. La seule différence qui existe entre cet établissement et celui de Bicêtre, est qu'il y règne plus de propreté qu'à

Bicêtre, et qu'en outre il y a une salle particulière destinée pour les malheureuses qui sont atteintes de cécité.

L'établissement pour les folles est absolument le même qu'à Bicêtre, sinon qu'il y a dans l'enceinte de la cour qui renferme les petites-maisons, une cour séparée et fermée par une grille en fer, dans laquelle on fait prendre l'air aux folles furieuses, lorsque le tems le permet. J'ai vu, dans cette enceinte, une femme d'un nom distingué, dont la folie consiste à vouloir être un homme; elle a pris l'habit de ce sexe, et s'est donné le nom de M. Louis, sous lequel seul elle est connue par ses malheureuses compagnes. Quoique ces infortunées soient traitées avec toute l'humanité possible, il est bien à desirer que ceux qui ont le malheur d'avoir dans leur famille une personne dont l'esprit est aliéné, s'ils ont assez de fortune pour cela, la soignent eux-mêmes.

car il est impossible que la société habituelle de près de six cents ou huit cents fous, dans laquelle se trouve un malheureux dont l'esprit est aliéné, mais qui avec des soins et des ménagemens particuliers pourrait être guéri, n'augmente encore sa folie, et que le bruit continuel qu'il entend, et les extravagances qu'il voit faire, ne le privent peu-à-peu de toute lueur de raison; sans compter que le nombre des fous réunis ici est trop grand pour que le médecin qui les traite puisse suivre avec soin et assiduité la folie de chacun d'eux.

En quittant la Salpêtrière, j'ai traversé le Jardin des Plantes, et passé le nouveau pont qu'on construit dans ce moment près de ce jardin, sur la Seine, nommé *Pont d'Austerlitz*, que les Parisiens prononcent d'*Osterlisch*; il est construit d'après les mêmes principes que le Pont des Arts. Les arches sont en fer, et les piles et culées en pierres. Il est l'objet d'entreprise particulière d'une société d'actionnaires, qui, pour un certain nombre d'années, a obtenu du gouvernement le privilége d'un droit de péage. Ce pont, qui n'est point achevé, n'est praticable encore que pour les gens à pied, mais sera fait de manière à servir au passage des chevaux et des voitures.

Au sortir de ce pont, on trouve une jolie guinguette entourée d'un petit jardin, qui donne sur les quais de la Seine. Il était cinq heures du soir lorsque je passai; une musique assez discordante fixa mon attention: je m'approchai du jardin, et je vis un ménétrier debout, sur une chaise, qui, d'une voix rauque, dirigeait les figures d'une contredanse qui s'était formée, et qui fut dansée par quelques grisettes et quelques patauds du quartier, avec toutes les prétentions des plus fameux danseurs de Paris. De-là je continuai ma course le long des quais de la Seine, sur la rive droite, jusqu'au jardin des Tuileries.

Cette promenade fut assez divertissante, et je fus témoin d'une variété infinie de scènes dignes, pour la plupart, du pinceau de Téniers. Ici, c'était une loterie, dont le gros lot consistait en un papier assez sale et dégoûtant, sur lequel on avait collé une douzaine de macarons; là, c'était un chansonnier, qui, placé sur une borne, en criant et se démenant comme un possédé, attirait autour de lui une foule de badauds; plus loin, c'était un homme qui disait la bonne aventure, ou un joueur de gobelets, avec son arlequin, des savoyards avec des orgues, une vielle et un tambourin, ou enfin un homme qui, aux sons aigus de la cornemuse, faisait, à défaut de singes et de chiens, danser à quelques polissons la danse de l'ours.

Pour complément des aventures de la journée, un de mes amis me mena le même soir au théâtre des jeunes Troubadours, au-delà de la porte Saint-Martin, sur les boulevards. La salle, qui est fort petite, est cependant à trois rangs de loges, et même assez joliment décorée. La société habituelle qui fréquente ce spectacle, est de la classe inférieure. Les premières sont remplies d'honnêtes artisans et de bons bourgeois du quartier; le parterre, où l'on reste debout, est garni, en majeure partie, de garçons ouvriers et gens de ce calibre, tandis que le parquet et l'orchestre sont occupés par des servantes et des belles du faubourg. Le prix d'entrée des premières est de quarante sous; et le limonadier de ce théâtre, au lieu de crier : *Orgeade, limonade et glaces*, n'offre très-modestement que *limonade et bière*. On donna *la Belle aux cheveux d'or*, mélodrame, dont le sujet, les acteurs, les costumes et la musique répondent parfaitement au prix d'entrée, ainsi qu'à la société qui fréquente ce spectacle.

Le château de Saint-Cloud, où j'ai été plusieurs fois depuis le séjour que la cour y fait, est éloigné de deux lieues de Paris. La position heureuse du village, bâti sur le penchant d'une colline qui s'étend jusqu'aux bords de la Seine, et où l'on arrive par un large pont de pierre, avait engagé, avant la révolution, plusieurs grands seigneurs, ainsi que de riches particuliers, à y bâtir des maisons de campagne.

Le palais impérial, situé sur une éminence qui domine la Seine à droite du village, offre une des plus belles vues, tant sur la ville de Paris que sur ses environs. Ce château, qui, pendant l'été, est le séjour favori de l'Empereur, appartenait anciennement au duc d'Orléans. La reine défunte, à qui il le céda, y fit construire une aile de bâtiment et décorer les appartemens dans un genre plus moderne. Pendant le règne de la terreur, ce château fut dévasté comme tous les autres ; mais depuis que l'Empereur a pris en mains les rênes du gouvernement, et qu'il fait quelquefois des séjours à Saint-Cloud, le château, ainsi que les jardins, ont été remis en état, et les appartemens meublés avec goût et magnificence. Les marches du grand escalier sont en marbre blanc, et les rampes en marbre rougeâtre, poli. Cet escalier, qui est éclairé par un plafond en vîtrage, est, sans contredit, le plus beau et le plus riche de tous les palais impériaux. Après l'avoir monté, on entre, à droite, dans le Salon de Mars, dont le plafond est orné de peintures, et dans lequel on voit les bustes, en marbre, des généraux Hoche, Max. Cafarelli, Dampierre et Joubert. Au-dessus de la cheminée, on remarque un grand tableau qui représente le moment auquel le général Dessaix, blessé à mort à la bataille de Marengo, mais se tenant encore à cheval, apprend par son aide-de-camp, le jeune Lebrun, la certitude de la victoire, et le charge de ses dernières paroles pour le premier Consul vainqueur.

A droite de ce salon, se trouvent les grands appartemens de l'Empereur, meublés avec autant de richesse que d'élégance. Dans la première pièce où, pendant son séjour à Saint-Cloud, l'Empereur tient les séances du Conseil d'état, se trouve placé, au-dessus de la cheminée, le beau tableau du Guide, qui représente l'enlèvement de Déjanire par le Centaure, et qui, avant la révolution, se trouvait au cabinet de Versailles.

Les grands appartemens de l'Impératrice, qui suivent ceux de l'Empereur, sont très-beaux et meublés avec un goût infini. On remarque dans le salon du service de l'Impératrice, différens beaux tableaux tirés de la collection du Musée Napoléon, tels qu'une sainte Famille, de Bernardino Luini, dont la Vierge est de toute beauté ; deux tableaux du Titien, dont l'un est une sainte Famille, et l'autre le portrait d'Alphonse d'Avalos, marquis del Guasto, et un tableau du Guide, qui représente le martyr de saint Sébastien. On y voit aussi le fameux tableau d'Hyppolite et Phèdre, par Guérin, une des plus belles productions modernes de l'art, remarquable surtout par la beauté de sa composition. L'artiste a choisi le moment où Hyppolite, accusé, paraît devant Phèdre et Thésée pour se justifier. La figure d'Hyppolite, qui est en habit de chasseur, est superbe ; un air de fierté et d'indignation est peint dans tous les traits de son beau visage. La figure de Phèdre, qui est assise à côté de son époux, quoique parfaitement dessinée, ne répond point à celle de son fils ; l'empreinte du désespoir et de la honte, qui devrait lui être naturelle, ne se trouve pas exprimée dans les traits de sa physionomie, et son regard fixe et hagard, ainsi que l'ombre dure et foncée qui couvre une partie de sa figure, lui donnent plutôt l'air d'une mégère que celui d'une amante outrée contre l'objet ingrat qui a pu résister à ses feux. Thésée est fort bien, son visage porte l'empreinte de la plus vive indignation, et la tension de tous ses muscles laisse remarquer la force qu'il met en usage pour réprimer les emportemens de sa colère. Le seul reproche qu'on puisse faire à ce tableau, qui, sous le rapport de la composition, du coloris et du dessin, a infiniment de mérite, c'est que les ombres sont trop dures, et les couleurs mal fondues.

Dans le salon de l'Impératrice, qui suit celui dont je viens de parler, se trouve un très-beau portrait de Madame, mère de l'Empereur, peint par Gérard, qui, depuis quelque tems, semble s'être voué exclusivement à ce genre de peinture, qui lui rapporte considérablement, puisqu'on lui paye, pour un tableau pareil, de trois cents à quatre cents louis. Au-dessus de la cheminée, on remarque une très-belle glace tout d'une pièce et très-épaisse, qui repose sur un fond induit en vif-argent, et séparé de la glace, de manière qu'à l'aide d'un ressort, on peut l'enlever et le repousser dans le mur, et alors, au lieu d'un miroir, on ne voit plus qu'une glace superbe, d'une transparence et d'une pureté rares, qui forme une fenêtre ouverte sur une des parties du parc, du côté de la lanterne de Diogène. Malgré la beauté de cet appartement, on ne saurait cependant le comparer aux petits appartemens de l'Impératrice, dans l'aile droite du château de Saint-Cloud, qui, sous le rapport du goût, de l'élégance et de la richesse, portent l'empreinte de la plus grande recherche. La chambre à coucher, sur-tout, est délicieuse, elle est tendue en velours couleur terre d'Egypte, brodé en or ; les rideaux, qui sont de même étoffe et de la même couleur, garnis de franges en or, retombent négligemment sur d'autres rideaux en mousseline des Indes, brodée en or ; le lit, qui a la forme d'une nacelle, est en bois d'acajou, orné de bronzes, et répond parfaitement à la richesse des glaces, des consoles et des draperies qui ornent ce charmant appartement, près duquel se trouve un très-joli bain tout en marbre. La grande galerie de Saint-Cloud, à côté du salon de Mars, contient une collection de tableaux tirés en majeure partie du Musée Napoléon. Les plus remarquables sont :

Un tableau de Teniers, qui représente l'intérieur d'un estaminet, où l'on voit, sur le devant, des joueurs de cartes ; l'Adoration des Mages, par Rubens; plusieurs jolis tableaux, par Pelenburg, et une belle collection de tableaux de Brueghel, dits d'un velours d'un fini précieux, dont le plus beau est le Paradis terrestre, dans lequel les figures d'Adam et d'Eve sont de Rubens; un Massacre des Innocens, par Guido-Rhéni, tableau d'une grande beauté, et où l'expression de terreur et de désespoir des mères, auxquelles on a arraché leurs enfans pour les sacrifier à leurs yeux, est d'un grand caractère de vérité; mais ce qui en constitue le principal mérite, c'est la figure d'une jeune femme sur le devant du tableau, agenouillée près de ses deux enfans étendus morts à ses pieds; tous ses traits expriment le désespoir, et cette ferveur enthousiaste avec laquelle elle invoque la vengeance céleste; le portrait du cardinal Bibiena, secrétaire de Jean de Médicis, d'une grande vérité, par Raphaël; une sainte Famille, par

André del Sarto, remarquable par la rare beauté de la Vierge en contemplation de l'enfant chéri qu'elle a sur ses genoux ; une sainte Cécile, par le Dominicain ; elle est représentée debout, chantant les louanges du Seigneur, et s'accompagnant d'une basse de viole. On remarque encore, dans cette galerie, trois vases en porcelaine de la manufacture de Sèvres, d'une rare beauté et d'une hauteur prodigieuse.

L'orangerie de Saint-Cloud, qui sert de communication entre les appartemens de l'Empereur et la salle de spectacle, est un des lieux les plus célèbres pour l'histoire de la France. C'est dans son enceinte que le Conseil des Anciens et celui des Cinq-Cents, qui ne se croyaient plus en sûreté à Paris, se sont réunis l'an 8 de la République, avec l'intention de changer la forme du gouvernement, lorsqu'au milieu de leurs débats et de leurs délibérations, l'Empereur, qui, peu de jours avant, était revenu d'Egypte, après avoir harangué avec force et énergie les troupes, marcha à leur tête sur Saint-Cloud, et pénétra, avec un détachement de grenadiers, le 18 brumaire de l'an 8, dans l'orangerie, où les Conseils se trouvaient réunis. La lutte ne fut point longue ; l'Assemblée fut dispersée ; et sans qu'une seule goutte de sang fût répandue, l'énergie et la force de caractère d'un seul homme changea en peu d'instans le sort de la France et les destinées de l'Europe. On m'a assuré que la terreur qui avait gagné la partie qui a succombé, avait été si grande, qu'on se sauvait à toutes jambes, et que le lendemain on avait ramassé quantité de manteaux dans le parc de Saint-Cloud, que messieurs les représentans, qui se trouvaient tous en grand costume, jetaient pour pouvoir courir plus vîte.

Les jardins de Saint-Cloud, plantés dans un terrein coupé, sont très-beaux, bien ombragés et fort bien tenus. On y remarque plusieurs bassins et jets d'eau, qui rafraîchissent l'air et varient les points de vue, de même qu'une grande cascade qui descend vers l'allée qui, de Saint-Cloud, le long des bords de la Seine, mène à Sèvres.

Les eaux du parc ne jouent, pour l'ordinaire, que les dimanches, jours auxquels une foule de monde, tant de Paris que des environs, se réunit à St.-Cloud pour se promener dans les jardins. Un des plus beaux points de vue du parc, est celui de la lanterne de Diogène, qui est une pyramide située sur une élévation qui domine les environs, d'où on jouit d'une vue très-étendue, tant sur la ville que sur les environs de Paris. On remarque, dans ce parc, qui est très-vaste, deux enclos différens, dont l'un est le jardin particulier de l'Empereur, et l'autre celui de l'Impératrice, qui sont fermés à tout le monde, sans exception, et qu'on ne peut voir sans une permission particulière du gouverneur du palais.

Depuis le 12 du mois dernier, la cour est établie à Saint-Cloud, dont le château, cependant, n'est pas assez vaste pour y loger toute la suite de l'Empereur. Ce séjour convient infiniment à S. M., dont les petits appartemens, ainsi que le cabinet, donnent sur un jardin particulier où il se promène, lorsque, fatigué de travail, il veut se reposer un instant sans être vu ni interrompu; d'un autre côté, il a plus de facilité à Saint-Cloud qu'à Paris, pour satisfaire son goût pour la chasse; et c'est un plaisir qu'il se donne ici plusieurs fois par semaine, soit en allant à la chasse au tir ou au cerf. Depuis que l'Empereur se trouve à Saint-Cloud, il y a tous les jeudis soir, et quelquefois aussi les dimanches, spectacle sur le joli petit théâtre du palais, auquel sont invitées toutes les personnes présentées à la cour, de même que le corps diplomatique et les étrangers qui ont été présentés à l'Empereur.

Le spectacle favori de Sa Majesté est la bonne tragédie, et ce sont, pour la plupart, les acteurs du Théâtre français qui sont appelés à Saint-Cloud ; néanmoins cela varie très-souvent, et quelquefois on y fait venir la troupe du Théâtre Feydeau, ou celle de Picard, ou l'Opéra Buffa, de même que le ballet du grand Opéra. Il y a quatre jours que j'ai vu jouer une des pièces les plus anciennes du Théâtre français, l'*Avare*, de Molière ; elle fut suivie des *Jumeaux de Bergame*, petit opéra composé par M. Auguste Taleyrand, élève de Paësiello. Le hasard me procura le même soir un coup-d'œil assez intéressant, c'était la réunion du cardinal légat et du ministre de la sublime Porte, dans une loge, assis l'un à côté de l'autre.

Tous les dimanches soir, quand il n'y a pas spectacle à Saint-Cloud, il y a cercle, concert et souper dans les appartemens de l'Empereur, auquel le corps diplomatique n'assiste point, mais auquel sont toujours invitées quelques personnes de la ville. Ce fut hier que la célèbre Catalani, un des premiers talens de nos jours, se fit entendre dans le concert. Cette cantatrice a sans contredit le plus bel organe qu'il soit possible de trouver; jamais je n'ai entendu une voix de cette étendue, et jamais je n'ai ouï une exécution plus brillante que la sienne; je ne voudrais entendre chanter des airs de bravoure que par elle; mais pour ces romances, pour ces ariettes italiennes, qui, en flattant l'oreille, sont capables d'émouvoir la sensibilité, je ne voudrais les entendre exécuter que par Crescentini ou par Martin.

C'est à Saint-Cloud qu'est établie, en ce moment, l'école des pages, dont le gouverneur est le général de division Gardanne, homme de mérite et instruit. Cet institut est parfaitement soigné, et les jeunes gens qui y sont reçus y trouvent toutes les ressources possibles pour l'instruction, tant sous le rapport scientifique, que sous celui des études d'agrément, telles que l'équitation, la danse, le dessin et autres. A une demi-lieue de là, aux bords de la Seine, que l'on traverse sur un pont en bois, est situé le petit bourg de Sèvres, qui touche au pont de Saint-Cloud, et où se trouve la manufacture impériale connue par la beauté des porcelaines qu'on y faisait jadis, et célèbre sur-tout pour l'élégance des dessins, ainsi que pour la richesse et la solidité des dorures. Cette manufacture, qui est entretenue aux frais du gouvernement, est établie dans un bâtiment vaste et superbe. Pendant la révolution, cet établissement, qui ne reçut que peu de fonds pour son entretien, a beaucoup perdu, tant parce que les ouvriers les plus adroits, qui à peine étaient payés, ont quitté pour prendre service dans les différentes manufactures de porcelaines que de riches particuliers ont établies à Paris, que parce que, d'un autre côté, manquant des fonds nécessaires, les directeurs n'ont pu se procurer ni les formes et dessins modernes, ni différens outils et machines nécessaires pour perfectionner les ouvrages. On trouve bien encore, à Sèvres, un magasin considérable en porcelaines, qui contient des choses superbes, mais qui ne sont plus de mode, et qui, si on ne les emploie pas pour en faire des cadeaux, resteront toujours des gardes-boutique. Il est vrai que le gouvernement fait tout ce qu'il peut pour remonter cette manufacture; néanmoins il faudra encore un grand nombre d'années pour que cet établissement parvienne, tant sous le rapport des formes modernes et élégantes, que sous celui des dessins et de la peinture, au degré de perfection où il se trouvait avant la révolution. Un objet de curiosité, à Sèvres, c'est la salle des modèles, qui offre en quelque sorte l'histoire des inventions et des progrès de cette manufacture depuis son existence. Les figures en biscuit, qu'on y fait, sont de toute beauté, et on vient d'achever des bustes de l'Empereur, en biscuit, qui ont parfaitement réussi. J'ai vu, dans une des salles de ce vaste bâtiment, les cadeaux en porcelaine que l'Empereur a destinés, à l'occasion du mariage du prince de Bade, tant aux envoyés de cette cour, qu'aux ministres français. Celui du ministre secrétaire d'état Maret, entre autres, consistait en un service pour le dessert, dont chaque assiette contenait un tableau qui représentait un art ou métier différent.

Que je n'oublie pas, comme vous êtes amateur de la pêche, de vous parler d'un genre de pêche tout-à-fait particulier, dont s'occupent les gens du métier, tant à Saint-Cloud qu'à Sèvres : c'est la pêche aux hommes. Toutes les nuits on tend aux deux ponts de Saint-Cloud et de Sèvres, des filets pour recueillir ceux qui sont devenus la proie des flots de la Seine, et malheureusement y a-t-il peu de jours où les pêcheurs n'alimentent l'institut de la Morgue.

LETTRE XVIe.

Paris, ce 24 mai 1806.

Ayant été, depuis ma dernière lettre, continuellement en course, je n'ai pu vous donner plutôt de mes nouvelles, mais je vous en tiendrai compte par la longueur de cette épître.

Je suis de retour, depuis peu seulement, de la vallée de Montmorency, où j'ai demeuré quelques jours à St.-Leu-Taverny, à cinq lieues de Paris. Pour y arriver, j'ai passé à Saint-Denis, jolie petite ville, où se trouvait, dans l'abbaye, la sépulture des anciens rois de France, depuis Dagobert Ier jusqu'à Louis XV. Ces tombeaux furent, en 1793, spoliés et dévastés; mais dans ce moment-ci on est occupé à les réparer par les ordres de l'Empereur, qui a destiné l'abbaye de Saint-Denis, à laquelle il a attaché un chapitre composé d'un certain nombre de chanoines, pour être le lieu de sépulture de la famille impériale.

La vallée de Montmorency, que la Seine parcourt dans toute sa longueur, est fameuse par ses beaux sites, par la richesse et la variété de ses productions, de même que par ses bonnes cerises.

Le prince Louis, frère de l'Empereur, possède une campagne vraiment délicieuse dans le village de Saint-Leu, dont la position est charmante. Cette campagne, dont le duc d'Orléans avait fait l'acquisition peu de tems avant la révolution, a été beaucoup augmentée et embellie depuis qu'elle est devenue la possession du prince Louis, qui, de même que la princesse, favorise infiniment ce séjour, où ils passent la plus grande partie de l'été. Le château de Saint-Leu n'est pas fort grand, mais il est arrangé avec goût, et il offre toutes les commodités et aisances possibles. Le parc, d'environ quatre cents arpens, dans lequel le château est enclavé, est adossé contre la forêt; il est arrangé en jardin anglais, et arrosé par des canaux, des cascades et des lacs. Ce parc, de nouvelle plantation, sera, dans peu d'années, le plus beau jardin des environs de Paris, d'autant plus que le prince lui-même, qui a beaucoup de goût, en dirige les embellissemens.

Le séjour de Saint-Leu est, sous tous les rapports, infiniment agréable. La société du prince et de la princesse n'est composée que des personnes attachées à leur service, de même qu'à celui de leurs enfans, et des personnes de leur connaissance particulière et intime, qui ont la permission d'y venir passer quelques jours. On y vit sans la moindre gêne et sans la moindre étiquette; l'on déjeûne en société à dix heures du matin; et jusqu'à l'heure du dîner, qui est fixé à cinq heures du soir, chacun est maître de ses actions. Un billard, ainsi qu'une bibliothèque choisie, offrent, lorsque le tems ne permet pas de sortir, des ressources contre l'ennui ; et lorsque le tems est beau, on fait des courses ou dans le parc, ou dans les environs. La soirée se passe en réunissant la société, soit à une lecture intéressante, ou à jouer de petits jeux en cas que la conversation semble languir. On a fait, pendant mon séjour à Saint-Leu, une course charmante à l'abbaye du Val, dévastée depuis la révolution, et présentement le bien de campagne d'un particulier, à une lieue et demie de Saint-Leu. La société était partagée en deux bandes, dont l'une fit la course à cheval, tandis que l'autre, en suivant un autre chemin, la fit modestement à ânes. Le déjeûner réunit la société, et l'on passa quelques heures bien agréablement dans les jardins de l'abbaye, qui, adossés contre une chaîne de rochers assez escarpés, qui sont riches en sources, offrent des parties vraiment délicieuses.

J'ai quitté à regret ce séjour charmant, embelli par les agrémens d'une conversation intéressante et sans prétention, et de retour à Paris, je m'empresse de vous conduire enfin dans la galerie des tableaux du Musée Napoléon, dont je n'ai pas fait mention jusqu'ici, par la raison qu'avant de vous en parler, je voulais au moins me mettre dans le cas de vous en donner quelques détails, qui, malgré une vingtaine de courses que j'ai faites au Musée, seront encore très-imparfaits, puisqu'il faudrait employer des années entières pour être en état de donner une description détaillée et analitique des richesses de l'art qui sont déposées dans ce sanctuaire de la peinture.

Cette galerie, qui est certainement la plus grande qui existe, a plus de mille pieds de longueur, et forme la façade du Louvre qui règne le long du quai de la Seine, entre le pont des Tuileries et celui des Arts. Avant que d'entrer dans la galerie, on passe par une grande salle éclairée par un plafond en vîtrage, dans laquelle l'exposition annuelle des tableaux a lieu. A la gauche de cette salle, se trouve une autre galerie moins grande que celle des tableaux, qui contient les dessins et les esquisses des plus fameux maîtres des écoles française et italienne, tels que Lebrun, Le Sueur, Nicolas Poussin, Guercino, Guido, Correggio, Dominichino et Raphaël. Au milieu de cette galerie, se trouve une suite de belles tables en porphyre, lapis et en pierres rapportées de Florence, dont les plus belles ont été tirées du palais Pitti. On remarque encore plusieurs beaux vases étrusques, de même que deux ou trois colonnes de plus de sept pieds de hauteur, d'un marbre très-rare et précieux, nommé *Nero e bianco antico*.

La grande galerie des tableaux du Louvre est éclairée des deux côtés par des fenêtres qui répondent symétriquement l'une à l'autre, ce qui fait que beaucoup de tableaux sont placés dans un faux jour. On dit cependant qu'on va remédier à cet inconvénient, et qu'en fermant les fenêtres latérales, on va éclairer la galerie par le haut, à l'instar de celle du Luxembourg. Cet ouvrage a déjà été commencé dans la partie inférieure de la galerie, mais il avance si lentement, que j'ai peine à croire qu'on ait l'intention de poursuivre ce projet, dont l'exécution, néanmoins, serait d'un avantage bien réel. Cette galerie est chauffée, en hiver, par différens poêles d'une forme très-élégante, adaptés pour y placer des vases ou des statues, mais peu faits pour chauffer une salle aussi vaste et aussi froide, qui, dans le cœur de l'hiver, ne doit point être tenable.

Des deux côtés de la galerie, on remarque différentes colonnes en beaux marbres d'Italie ; et devant les tableaux, à deux pieds d'éloignement à-peu-près du mur, se trouve une balustrade en bois, de trois à quatre pieds de hauteur, pour les garantir et les mettre à l'abri de tout endommagement, ce qui pourrait facilement arriver les jours où la galerie est ouverte au public, et où souvent des milliers d'individus entassés à-la-fois dans cette salle, se heurtent, se poussent et se pressent d'un côté à l'autre. C'est par la même raison qu'il y a toujours quelques conservateurs attachés au service du Musée, et soldés par l'Empereur, dont ils portent la livrée, qui se trouvent là pour veiller à ce qu'on ne gâte rien, et qu'on ne touche pas aux tableaux, de même que pour maintenir l'ordre et la tranquillité.

Tout artiste ou amateur quelconque a la liberté de dessiner, peindre et copier dans cette salle, moyennant une permission des directeurs du Musée. Des échafaudages en tout genre se trouvent à portée pour faciliter aux artistes qui veulent peindre des tableaux très-élevés, les moyens de s'en approcher, puisqu'aucun tableau ne peut être déplacé. Il n'y a que des artistes renommés qui aient la faculté d'enlever momentanément des tableaux pour les copier à leur aise dans une pièce voisine. On ne passe jamais dans la galerie sans y trouver du monde occupé à copier, et dans le nombre on remarque toujours des femmes, dont l'imagination vive leur fait entreprendre les copies des premiers chef-d'œuvres de l'art. A l'exception du vendredi, qui est le jour où l'on nettoye la galerie, l'entrée du Musée est ouverte tous les jours de la semaine, aux artistes, aux étrangers qui peuvent se légitimer comme tels, soit par des cartes de sûreté ou par un passe-port, de même qu'aux personnes qui ont obtenu un permis des directeurs; tandis que le samedi et le dimanche le Musée est ouvert depuis les dix heures du matin jusques vers les quatre heures du soir, au public. Ces deux jours ne sont point faits ni pour l'étude, ni pour un examen suivi et réfléchi ; mais en revanche, il est intéressant d'écouter et de saisir les jugemens souvent bizarres qu'on entend quelquefois énoncer, et d'observer la foule innombrable de gens de toutes les classes et de tous les états qui parcourent cette salle.

Tous les tableaux sont classés d'après les différentes écoles, et même, autant qu'il est possible, d'après l'ordre chronologique des époques auxquelles les différens peintres ont vécu. Les grands tableaux sont tous placés au-dessus des petits, pour mettre les derniers plus à portée d'être vus de près.

En entrant dans la galerie, on remarque d'abord l'école française, puis l'école allemande, ensuite la flamande, et enfin, au haut bout de la galerie, l'école italienne, qui, sous tous les rapports, écrase toutes les autres.

Dans le nombre des tableaux distingués de l'école française, on remarque d'abord plusieurs grandes compositions de Sébastien Bourdon; ensuite, seize tableaux de Charles Lebrun, l'élève de Poussin, dans le nombre desquels on distingue surtout celui qui représente la tente de Darius, où toute la famille de ce malheureux roi se jette, par méprise, aux pieds d'Ephestion. La composition en est très-belle, et l'expression dépeinte dans les différentes figures, absolument analogue aux circonstances du moment. Le seul reproche que j'oserais faire à ce tableau, c'est que le visage d'Alexandre n'a point cette expression de fierté et de grandeur de caractère dont l'imagination aime à parer ce fameux conquérant, et que l'artiste a beaucoup mieux saisie dans le grand tableau qui représente l'entrée triomphale à Babylone.

Un grand tableau de Laurent de la Hire, qui représente l'apparition du Christ aux trois Maries, est un des plus distingués de cet artiste. La figure svelte et éthérée du Sauveur est sur-tout d'une grande beauté. On remarque encore, du même maître, la découverte du corps de saint François, par le pape Nicolas V, dans les caveaux d'une église, à Assise. Une belle collection de tableaux de Le Sueur et de Nicolas Poussin, les deux artistes les plus distingués de l'école française, attire sur-tout l'attention des connaisseurs. Dans le nombre de ceux de Le Sueur, on remarque particulièrement la Messe miraculeuse de Saint-Martin, d'une composition et d'un coloris superbe ; la Descente de la Croix, et saint-Gervais et saint Protais, tableau d'une belle composition et d'une grande expression de vérité. Il est malheureux que cet artiste distingué, dont le grand talent promettait une riche récolte pour les arts, soit mort à la fleur de l'âge.

La galerie possède vingt-un tableaux de Nicolas Poussin, élève de l'école italienne, et contemporain de Dominichino et des Carraches, du genre de peinture desquels il se rapproche infiniment. L'Enlèvement des Sabines, les Philistins frappés de la peste, et la Mort de Saphire, femme d'Ananie, sont les tableaux les plus estimés de cet artiste, qui se distingue particulièrement par la beauté de ses compositions, la justesse du dessin, et cette expression de noblesse qui caractérisent toutes ses figures.

La galerie contient un nombre assez considérable de paysages et de marines de Vernet, dont les tableaux, d'un coloris brillant, et composés avec tout le feu d'une imagination vive qui surpasse même les limites tracées par la nature, sont faits pour produire le plus grand effet. Dans le nombre de ses paysages, on distingue sur-tout une cascade d'un grand effet, et entre ses marines, un naufrage, un port de mer au clair de lune, et un autre par un brouillard, qui sont d'une vérité étonnante; deux petits tableaux du même maître, dont l'un offre la vue du pont et château de Saint-Ange, et l'autre du pont Zotto, à Rome, sont remarquables par la chaleur et la vérité de la teinte du beau ciel d'Italie. Dans les huit tableaux de Claude Lorrain, qui se trouvent au Musée, on remarque surtout, avec plaisir, la vue d'un port au soleil couchant, qui porte l'empreinte de ce calme de la nature et cette teinte transparente azurée de l'air, qui est l'apanage du climat des pays chauds, et dont ce grand artiste a porté l'imitation à un si haut degré de perfection. Aucun des tableaux de Claude Lorrain, qui se trouvent dans la galerie du Musée, n'est cependant comparable à deux grands paysages de lui, que j'ai vus dans la galerie des tableaux à Munich, et auxquels on ne peut rien comparer pour le style, la simplicité et le calme qui repose sur tout le paysage, ainsi que pour la teinte du ciel et de l'atmosphère.

En quittant l'école française, on vient à l'école allemande, dont la collection n'est ni riche, ni intéressante. La majeure partie des tableaux de cette école datent du quinzième et du seizième siècles, et se distinguent par la beauté et la fraîcheur du coloris, de même que par le soin fatiguant avec lequel ces artistes ont peint, fini et achevé jusqu'aux moindres minuties dans leurs tableaux. Ces mérites sont aussi les seuls qu'on peut leur adjuger, puisque, pour le reste, manquant absolument de goût, ils ont travaillé sans la moindre connaissance des règles de l'art. Quelques portraits d'Albert Durer, mais qui ne sont point comparables aux ouvrages de ce maître, qu'on trouve à Nuremberg, et quelques beaux portraits de Holbein, dans le nombre desquels on distingue celui d'une jeune femme couverte d'un voile, sont ce que cette école offre de plus remarquable.

De l'école allemande, on vient à l'école flamande, riche en tableaux, que la conquête de la Hollande et des Pays-Bas a fait tranférer à Paris. La collection des tableaux de Vandick et de Rubens est très-considérable ; on remarque dans le nombre des derniers, principalement la Pêche miraculeuse, l'Adoration des Rois, la Descente de Croix de la cathédrale d'Anvers, de même que la Visitation et la Purification, qui en forment les pendans, et qui sont les chef-d'œuvres de cet artiste, tant sous le rapport de la composition, que sous celui du fini de l'exécution. Les tableaux les plus distingués de Vandick, sont le portrait de ce peintre lui-même, et celui de François de Moncade; un saint Augustin, ravi en extase, tableau qui contient quelques têtes d'anges d'une rare beauté, de même qu'un *ex voto* à la Vierge, tenant dans ses bras l'Enfant-Jésus, d'une beauté idéale. Une marine, de Backhuysen, qui représente une escadre hollandaise; plusieurs tableaux de Vanderwerff, de Bercheni, de Brueghel, dits de velours; un tableau d'Ostade, d'une grande vérité, où il s'est peint lui-même entouré de sa famille; une grande Forêt, de Ruisdael, avec des figures de Berchem, et un paysage éclairé par le soleil, avec des figures de Philippe Wouwermann, ainsi que la collection des pièces de batailles de cet artiste, de même que quelques jolis petits tableaux achevés avec un soin et une délicatesse infinie, de Netscher ; Gérard Douw, Charles Dujardin et de Mieris, sont les compositions les plus distinguées de l'école flamande, sans oublier deux beaux paysages de Paul Potter, dont l'un représente un taureau, une vache couchée, un bouc, quelques moutons et un pâtre : le tout de grandeur naturelle et d'une vérité parfaite; et dont l'autre, moins grand, représente quelques bestiaux à la pâture, que les connaisseurs préfèrent encore au premier. La collection des tableaux de Teniers est assez considérable. Dans le nombre, on distingue sur-tout l'Enfant prodigue, à table avec des femmes; le Fumeur, une Noce villageoise, et l'intérieur d'un Estaminet, tableau différent de celui qui se trouve dans la galerie de Saint-Cloud.

En quittant l'école flamande, on vient enfin à l'école italienne, le sanctuaire des beaux arts, dont l'étude a formé les artistes les plus célèbres, et dont les disciples, animés par le génie et le talent, ont produit les chef-d'œuvres qui nous étonnent. La quantité de tableaux des premiers maîtres de l'école italienne, qui se trouvent réunis au Musée, forment un trésor inappréciable. Pour ne pas être trop prolixe, je ne vous citerai cependant que les plus distingués de cette école, et même ceux que j'ai pu voir avec quelqu'attention. Je commencerai d'abord par vous parler de Raphaël, de cet artiste célèbre dont le génie éclaira de son flambeau l'art de la peinture, et dont le nom a acquis les honneurs de l'immortalité. La galerie possède une vingtaine de ses tableaux, dont plusieurs sont suspendus, pour le moment, dans les appartemens de l'Empereur et de l'Impératrice, tant au palais des Tuileries qu'à celui de Saint-Cloud. Dans ce nombre, on remarque :

La Transfiguration, regardée généralement comme le chef-d'œuvre des ouvrages de Raphaël. Ce tableau, qui demande à être étudié, gagne chaque fois plus d'intérêt, à mesure qu'on le revoit et qu'on se trouve en état d'analyser les beautés qu'il contient. La figure aérienne du Sauveur, qui s'élève vers les cieux avec Moïse et Elie ; l'état de stupeur dans lequel sont plongés ceux de ses apôtres qu'il a menés avec lui au sommet du Tabor ; le groupe qui se trouve au bas de la montagne, l'état violent du jeune possédé qu'on a amené, l'air de compassion qui caractérise les autres disciples, qui, inutilement, ont tenté d'opérer des miracles pour le guérir ; l'air de persuasion et de confiance qu'ils ont pour celui qui, dérobé à leurs regards, se trouve au haut de la montagne, et qu'ils regardent comme le seul qui puisse sauver le malade; l'air suppliant avec lequel la mère et la sœur du possédé sont agenouillées, en implorant les secours des disciples de Jésus; tout cela réuni, fait de ce tableau une composition sublime et inimitable. Quoique la Transfiguration soit suspendue entre deux autres tableaux de ce grand artiste, ces derniers, néanmoins, ne souffrent en rien de cette proximité. L'un représente une sainte Famille; c'est la Vierge qui s'incline pour recevoir l'Enfant-Jésus, qui s'élance avec joie vers elle pour l'embrasser. L'autre est une sainte Cécile, qui, debout, paraît écouter avec ravissement un concert d'anges qui chantent les louanges du Seigneur. Cette harmonie céleste semble l'avoir plongée dans une sainte admiration; les yeux élevés vers le ciel, les bras lui tombent, et l'instrument qu'elle a dans sa main est prêt à lui échapper. A sa droite, on voit saint Paul appuyé sur son épée, et enseveli en méditations, tandis que du côté opposé, la Madeleine lui apporte un vase de parfums. La beauté de cette sainte Cécile, l'expression divine de sainteté répandue dans tous les traits de son visage, l'empreinte qu'il porte du desir de se rapprocher du lieu d'où émane cette harmonie céleste, rendent ce tableau un des premiers chef-d'œuvres de la galerie. Le tableau de la Madonna di Fuligno, connu sous la dénomination de la Vierge au Donatoire, est encore un des tableaux de Raphaël, qui, même à côté de la Transfiguration et de la sainte Cécile, ne perd rien de son mérite. La Vierge, assise au milieu d'une gloire d'anges, tient dans ses bras l'Enfant-Jésus, tandis que saint Jean, saint François et saint Jérôme lui adressent des prières en faveur d'un camérier du pape, nommé Conti, qui, les mains jointes, implore sa protection. Le ton doux et agréable qui règne dans cette composition, l'expression de modestie et de candeur avec laquelle la Vierge écoute les prières qu'on lui adresse, les grâces enfantines qui caractérisent l'Enfant-Jésus, qui joue avec le manteau de sa mère; la beauté des petites têtes d'anges, l'expression d'une sainte ferveur qui caractérise les trois saints solliciteurs, et l'air de piété et d'humilité avec lequel le pauvre Conti implore les bonnes grâces de la Vierge, font qu'on ne saurait se lasser d'admirer ce beau tableau. Dans le nombre des autres ouvrages de Raphaël, on distingue sur-tout le Silence de la Vierge, la Vision d'Ezéchiel, le portrait de Léon V, et celui du comte Balthasar Castiglione.

Dans la collection des Tableaux du Titien, dont la galerie en possède dix-neuf, on remarque principalement la mort de saint-Pierre l'hermite, renversé par un brigand, qui, à l'entrée d'un bois, l'a frappé de son glaive; deux anges d'une beauté rare planent au-dessus de saint Pierre, et lui offrent la palme du martyre. Le coloris de ce tableau, de même que le paysage et les arbres, portent le caractère de la plus grande perfection. On distingue encore deux saintes Familles peintes avec grâce et délicatesse, ainsi que le portrait de sa maîtresse, placée devant un miroir, et occupée à se parfumer les cheveux, tandis que le Titien, lui-même, est debout derrière elle, et l'observe.

Dans le nombre des neuf tableaux du Corrège, que le Musée possède, on distingue sur-tout la Descente de Croix, le Mariage de sainte Catherine avec l'Enfant-Jésus, le saint Jérôme et le Repos en Egypte, connu sous le nom de la Vierge à l'écuelle. Le coloris de ce grand artiste est d'une rare beauté et d'un effet étonnant; mais sa composition est trop maniérée, et ses Vierges ont une expression de finesse et un sourire rusé et malin, qui, en leur donnant un air de petite-maîtresse, n'approche pas de cette noble simplicité, de cette grâce naïve et touchante, et de cette modestie virginale qui caractérise les Vierges de Raphaël.

Entre les tableaux du Guide, dont le Musée réunit un nombre considérable, on remarque le Martyre de saint Pierre, d'une grande et belle composition; une tête de Christ couronnée d'épines; une Madeleine repentante, d'une expression sublime et d'un fini incomparable; et enfin, une Fortune, qui plane au-dessus du globe, tenant d'une main des palmes et un sceptre, et de l'autre une couronne avec laquelle elle joue. La figure de la déesse est toute nue, sans autre parure qu'une légère draperie; un petit génie ailé la poursuit, et essaye de l'arrêter en saisissant avec ses mains enfantines sa chevelure flottante. Ce tableau, qui est tout-à-fait clair, presque sans ombre, est peint avec une légèreté et une grâce infinies, et rien n'est comparable à la beauté des formes de cette divine figure.

Parmi les tableaux de Guerchin, on distingue la Vision de saint Bruno, l'Apparition de Jésus à sainte Thérèse, et enfin un tableau qui représente Mars, Vénus et l'Amour, peint avec soin et délicatesse, et remarquable par l'expression de finesse et de volupté qui anime le visage de Vénus.

Dans le nombre des autres tableaux de l'école italienne, on remarque encore le Repas chez Simon, par Paul Véronèse; saint Marc délivrant un esclave condamné aux tourmens, par Tintoret; Adam et Eve, tableau peint avec une grâce infinie, par Albani; le Sommeil de Jésus, et Notre-Dame de Miséricorde, par Annibal Carrache, de même que le petit Mendiant, d'une grande vérité, par Murillo, peintre espagnol. La

Vierge dite à la Coquille, la Vierge du Rosaire, et la Fuite d'Enée, de Troie, portant Anchise sur ses épaules, et conduisant son fils par la main, sont du Dominicain, un des artistes les plus distingués de l'école italienne, envié, à cause de son talent, par tous ses contemporains. Le plus beau tableau de ce peintre célèbre, qui, d'après l'opinion de tous les connaisseurs, rivalise même avec la Transfiguration de Raphaël, c'est la Communion de saint Jérôme, qui, âgé de quatre-vingt-dix-neuf ans, et sentant sa dernière heure s'approcher, se fait porter dans l'église de Bethléem, où, déposé aux pieds de l'autel, il recueille toutes ses forces pour se mettre à genoux et pour recevoir le Saint-Sacrement, après lequel il soupire ; le prêtre, revêtu des habits sacerdotaux, est prêt, en s'avançant vers le saint, à lui administrer l'hostie ; le diacre lui présente le calice, et le sous-diacre, à genoux, tient en mains l'évangile. Les assistans prennent part à cette touchante cérémonie; plusieurs d'entre eux soutiennent le vieillard défaillant et débile, et à sa gauche, sainte Pauline se baisse pour lui baiser la main. Le lion, le fidèle compagnon de saint Jérôme, est à ses pieds, et deux anges, qui planent au-dessus du saint, contemplent avec intérêt cette scène touchante. Ce tableau, qui se distingue par la clarté de ses couleurs, de même que par un coloris brillant et bien conservé, est réellement ce que l'art a pu produire de plus parfait, tant sous le rapport de la composition que du dessin. Le visage mourant de saint Jérôme porte à-la-fois l'empreinte de la plus profonde résignation, et celle du desir fervent de jouir encore, avant sa mort prochaine, des bienfaits de la religion ; le froid mortel qui déjà a glacé tous ses membres, et ce corps décharné et débile, n'ont rien qui révolte. L'expression sublime répandue sur toute la figure de saint Jérôme, l'air d'intérêt et de compassion qui caractérise les assistans, et le recueillement religieux empreint sur le visage du prêtre qui administre la sainte Cène, font éprouver une sensation dont on ne peut juger qu'après avoir vu soi-même ce magnifique tableau.

Je termine par-là cette esquisse de la galerie des tableaux du Musée; et si vous la trouvez imparfaite, songez que je ne vous ai donné que le résultat du peu de momens que j'ai pu vouer à l'examen de cette collection unique dans son genre, où, malgré la ferme résolution de parcourir une école l'une après l'autre, un penchant irrésistible m'entraînait chaque fois vers mes tableaux favoris, dans lesquels une plus ample connaissance me dévoilait toujours de nouvelles beautés.

J'ai vu ces jours derniers, à Saint-Cloud, le cardinal Mauri, cet orateur célèbre, qui, dans les premiers tems de l'Assemblée nationale, a bravé, à plusieurs reprises, la fureur populaire par ses saillies, et qui, par son caractère prononcé, a mérité l'estime générale.

J'ai été, il y a quelques jours, au Mont-Calvaire, autrement dit Mont-Valérien, à une lieue et demie de Paris. Ce lieu est remarquable, sous le rapport historique, par une sœur Guillemette, qui y fit, dit-on, des prodiges du tems de Henri III et de Henri IV, et à laquelle des hermites ont succédé depuis. Avant la révolution, il y avait un pélerinage établi sur cette montagne, et des chapelles construites d'étages en étages, jusqu'à la cîme, où était un Calvaire; mais depuis la révolution, tout cela fut dévasté et vendu comme bien national, au fameux Merlin de Thionville, qui l'acheta, et qui l'a revendu ensuite. Depuis près d'un an, cependant, le dernier possesseur du Mont-

Calvaire étant mort, il est question de le rendre à sa destination primitive. Du Mont-Valérien, qui est la montagne la plus élevée de celles qui environnent Paris, la vue est très-étendue ; on découvre toute la ville de Paris et ses environs, et l'on peut suivre, du côté opposé de Paris, le cours de la Seine jusqu'à son entrée dans les montagnes de la vallée de Montmorency. Au bas du Mont-Calvaire et aux bords de la Seine, se trouve le joli petit village de Surène, fameux par le mauvais vin qu'on y fait, et embelli par de charmantes campagnes, dont une des plus jolies est celle située sur le chemin de Saint-Cloud, qui appartient à la princesse de Vaudremont.

On vient de donner, il y a quelques jours, un nouveau vaudeville, qui est charmant, et qui a réuni tous les suffrages : c'est *Voltaire chez Ninon*, anecdote historique. L'auteur a choisi le moment où le jeune Arouet réclame les bontés de Ninon, dont son père était l'homme d'affaires, pour l'engager de lui permettre de se vouer à l'étude plutôt qu'à l'état militaire, auquel on l'avait destiné. La pièce est gaie et pleine d'esprit, et Mme Belmont, chargée du rôle de Ninon, toujours belle encore, même au dernier terme de l'âge, le joue dans une grande perfection.

LETTRE XVIIe.

Paris, ce 10 juin 1806.

J'ai été, il y a quelques jours, à Versailles, la résidence de la dernière dynastie des rois de France, à quatre lieues de Paris. Versailles, dont la population se montait à près de soixante-dix mille ames avant la révolution, n'en compte plus que quinze mille. Les rues y sont larges et tirées au cordeau, les maisons y sont bien bâties; et comme la ville est entourée de tous les côtés de belles promenades, elle peut, sans contredit, passer pour une des belles de la France.

Le château, un des plus vastes que l'on connaisse, est immense ; mais dépeuplé comme il l'est, il n'offre plus que le souvenir de ce qui exista, et inspire ce sentiment pénible qu'on éprouve en voyant le tableau de l'instabilité des choses, et en songeant à la décadence à laquelle est assujétie toute institution humaine. Un silence éternel embrasse ce vaste bâtiment avec toutes ses dépendances ; les cours, qui jadis ne désemplissaient point de carrosses, de chevaux, de riches livrées, d'allans et venans en tout genre, sont maintenant couvertes d'herbes, et n'offrent plus que l'image de la solitude ; et dans les vastes corridors qui règnent dans l'intérieur du château, remplis jadis par une foule qui se renouvelait à chaque moment, on ne trouve plus que quelques gueux couverts de haillons, qui s'offrent à vous pour vous montrer les jardins et le palais. Tel est le tableau qu'offrent les ruines de Palmire, le séjour antique des arts et des sciences, et tel est le tableau de notre vie, dont chaque instant nous offre la pompe funéraire de ce qui fut : une preuve que celui qui décide des destins de l'existence individuelle, prononce de même sur le sort des états et des empires, en anéantissant ce que des siècles même semblaient avoir consolidé et sanctionné comme indestructible.

Le château de Versailles est bâti sur une petite élévation, et donne sur une grande place régulière, en forme de demi-cercle, dont les grandes et les petites écuries forment l'arc. Ces deux bâtimens sont séparés par la grande avenue de Paris, qui, en ligne directe, mène à la première cour du château, qui est entourée par une grille assez mesquine, et dont la porte d'entrée ne répond point à la grandeur du local. Outre la cour extérieure, il y a encore la cour des Princes et la cour de Marbre, dont les entrées étaient désignées anciennement par l'étiquette. La façade du château, qui donne du côté de la ville, consiste dans un grand corps-de-logis, de forme oblongue, flanqué de deux ailes, entre lesquelles se trouvent deux autres bâtimens qui, en joignant le corps-de-logis, forment la parallèle des deux ailes, ce qui rapetisse de beaucoup la cour, et présente un coup-d'œil désagréable, parce que, d'une part, la façade du château est en partie cachée, et que ces deux bâtimens ne sont pas même d'une architecture pareille, et que la symétrie du tout en souffre. Mais en revanche, voit-on avec plaisir la belle façade du château qui donne sur les jardins. Cette façade a plus de onze cents pieds de long; elle est haute de trois étages, et couverte d'un toit horizontal caché par une saillie en forme de balustrade, et ornée de statues.

L'intérieur de ce vaste château est absolument dévasté et dégradé, et ce n'est plus que par-ci, par-là, qu'on trouve encore quelques faibles restes de son ancienne magnificence, tels que quelques lambris qui sont encore revêtus en marbre et de bas-reliefs en stuc, quelques tables en marbre, qu'on a oubliées, et enfin quelques peu de miroirs encore intacts dans la grande galerie qui donne sur le jardin, dont le mur opposé aux fenêtres était revêtu en glaces. Les plafonds, ornés jadis de riches dorures, et peints par les premiers artistes français, sont tous gâtés et noircis par la longueur du tems, depuis lequel ce château est délaissé, et par le peu de soins qu'on prend de les nétoyer, coup-d'œil qui ajoute encore à l'air sombre et triste de ces appartemens. Dans la suite des chambres et salons qui formaient jadis l'appartement de la reine, on trouve maintenant une collection de tableaux, sous la dénomination de Musée spécial de l'école française. Cette collection contient près de cinq cents tableaux, tous de l'école française, mais dont l'ensemble n'offre que peu d'intérêt, puisque les meilleurs se trouvent réunis au Musée du Louvre.

On remarque, dans ces appartemens, la place où, le 6 octobre 1789, trois des fidèles gardes-du-corps périrent successivement pour défendre l'entrée de la porte des appartemens de la reine, et pour procurer par là, à cette malheureuse princesse, le tems d'échapper à la fureur de cette cohorte sanguinaire qui pénétra jusques dans la chambre à coucher de Marie-Antoinette, qui, tenant le dauphin dans ses bras, eut à peine le tems de se sauver par une petite porte de tapisserie, dans les appartemens du roi. L'appartement qu'occupaient jadis Mesdames, tantes du roi, et qui est au rez-de-chaussée, contient maintenant un cabinet d'histoire naturelle, de même qu'une collection assez intéressante d'armes, de vêtemens et de toutes sortes d'ustensiles de différens peuples, habitans des côtes d'Afrique et des Deux-Indes.

La chapelle du château est encore fort bien conservée; elle est construite dans un très-beau style, et riche en bronzes et en marbres. Dans un des corridors, près de la chapelle, qui sert de communication entre la cour et le jardin, on remarque un beau bas-relief de Pujet, qui représente Alexandre et Diogène. Un des plus beaux restes de la magnificence du château, est la salle de théâtre, qui fut bâtie pour les fêtes du Mariage de Marie-Antoinette. Cette salle, qui servait dans les grandes occasions de salle de bals, est encore arrangée de la même manière, et a heureusement échappé à la fureur de la dévastation. Elle est de forme ovale, à quatre rangs de loges, séparées les unes des autres par des colonnes d'ordre corinthien cannelées et richement dorées; ce qui, joint au plafond et à l'intérieur des loges, qui sont ornées de sculptures et de dorures, fait que cette salle est une des plus belles qui existent en Europe. Les jours de grande fête, les panneaux entre les colonnes, sur le théâtre, étaient remplis par de grandes glaces, et la salle était éclairée par plus de huit mille bougies. Près de la salle de spectacle, se trouve un grand réservoir, placé au second étage, qui alimente différens jets d'eau et quelques-cascades du jardin.

L'orangerie de Versailles est un des plus beaux monumens d'architecture qu'on puisse voir ; elle est bâtie dans une sorte d'enfoncement, en forme d'un fer-à-cheval, et flanquée des deux côtés par un escalier en pierre, très-large, de cent quatre marches de haut, par où on parvient sur un beau et grand parterre, en face du château. L'orangerie contient plus de six cents orangers ; dans le nombre desquels on en remarque deux qui datent du tems de François Ier. Cette orangerie, qui est immense, n'est jamais chauffée ; mais étant voûtée et fermée hermétiquement pendant tout l'hiver, elle conserve une température douce et égale. Au commencement de la révolution, avant que le roi fût conduit à Paris, il y eut pendant quelques jours deux régimens de ligne, de l'armée que le maréchal de Broglie avait réunie près de Paris, pour la défense de la famille royale, qui campèrent dans l'orangerie.

Le parc de Versailles, qui a vingt lieues de circonférence, et qui comprend plusieurs villages dans l'intérieur de son enclos, a souffert toutes sortes de dégradations dans les commencemens de la révolution. Le petit parc, qui y est enclavé, comprend dans son enceinte les jardins, bosquets, pièces d'eau, et autres objets de ce genre ; il forme un pentagone irrégulier de deux mille quatre cents toises de long sur seize cents toises de large, et doit sa création primitive au fameux Lenôtre, auquel Lemoine, ensuite, succéda. Ce jardin, qui est planté selon toutes les règles symétriques de l'ancien goût français, contient une quantité de statues, de groupes, de vases et de thermes en marbre et en bronze, d'une grande richesse, parmi lesquels on remarque des objets vraiment dignes d'attention. On y trouve encore une infinité de terrasses, de jets d'eau, de canaux et de bassins, qui finissent par fatiguer la vue, et dont je ne vous citerai que les plus remarquables, tels que le bassin de Neptune, qui offre un groupe admirable ; le dieu est représenté sur son char, au milieu des ondes, tiré par des dauphins et entouré de tritons, le tout en plomb richement doré ; la salle des Fontaines, d'un assez mauvais goût, mais remarquable par une double colonnade en marbre, par un beau groupe de Girardon, qui représente l'enlèvement de Proserpine, et par différens bas-reliefs en marbre, d'une grande beauté ; et enfin le rocher ou la grotte d'Apollon, qui forme une jolie cascade, et qui, ombragée de toutes parts, offre un asile contre l'ardeur du soleil.

Au bout du parc, on trouve le petit Trianon, le séjour favori de Marie-Antoinette, fameux jadis par son parc anglais, sa ménagerie et son ameublement, qui avaient coûté des sommes très-considérables. Le tout a été dévasté dans le principe de la révolution. Le grand Trianon, qui se trouve à peu d'éloignement du petit, doit son existence à Louis XIV, qui le fit construire pour la duchesse de La Vallière.

Du côté de la cour, ce château présente un corps-de-logis formé par une belle colonnade en marbre poli, auquel on a joint deux ailes qui contiennent les appartemens. La façade, du côté opposé, qui donne sur les jardins, forme une équerre. Ce château, dont les appartemens sont très-bien distribués, fut, en été, souvent habité par Louis XIV, mais a été démeublé depuis. Le jardin du grand Trianon est tout-à-fait régulier, et coupé par des allées à perte de vue ; on y remarque, avec intérêt, un petit jardin entouré de palissades, qui formait le jardin particulier de Louis XIV. L'Empereur vient, depuis peu de jours, d'en défendre l'entrée, et d'en ordonner l'entretien soigné.

Les grandes et petites écuries de Versailles, qui, au rapport de tous les connaisseurs, étaient remplies des plus beaux chevaux qu'on puisse trouver, sont vides maintenant, sinon qu'on a placé dans une partie des grandes, un certain nombre de chevaux entretenus par le gouvernement pour le service d'une école d'équitation de la cavalerie française.

Dans l'ancien hôtel de la Guerre, où, sous l'ancien régime, on conservait dans une suite de plusieurs salles, les archives concernant les traités de paix, on trouve maintenant une bibliothèque composée en grande partie des débris des bibliothèques particulières des différens membres de la famille royale. Elle ne renferme guères de remarquable qu'un ouvrage contenant la description détaillée d'un tournois que Louis XIV donna à la duchesse de La Vallière, sur la place du Carrousel, à Paris. Quatre quadrilles différentes y parurent ; à la tête de l'une se trouvait le roi, à la tête des autres, des princes de sa famille. Cet ouvrage est écrit sur papier vélin, et contient les portraits des chefs, hérauts d'armes et maréchaux des différentes quadrilles, chacun peint dans le costume de sa quadrille. On remarque en outre, dans cette bibliothèque, une très-belle carte gravée, qui contient toutes les chasses ci-devant royales dans les environs de Versailles, dont l'infortuné Louis XVI, lui-même, a levé le plan. On en a tiré une douzaine d'exemplaires, dont on en conserve un à la Bibliothèque, de même que l'original, que pourtant je n'ai pu voir, parce que le garçon attaché au service de la bibliothèque n'ose le montrer que moyennant une permission particulière du bibliothécaire.

Dans l'hôtel de la maison du roi, connu anciennement sous la dénomination du Grand-Commun, se trouve maintenant la fameuse manufacture d'armes, sous la direction de Boutet. Cette manufacture, dans une des salles de laquelle on voit encore l'armure du grand Condé, occupe dans ce moment-ci, pour le service des armées, près de six cents ouvriers. On y fabrique des armes blanches et des armes à feu pour le militaire, de même que des fusils de chasse d'un travail fini et élégant, à très-haut prix. La fabrication des canons de fusils est confiée à l'inspection du fils du fameux Leclair, et on en fabrique de trois sortes différentes ; des canons ordinaires, des canons tortus, et des canons à ruban, qui sont les meilleurs. Le grand dépôt des armes fabriquées pour la vente, se trouve à Paris. On m'a montré, à la fabrique, un cadeau que l'Empereur destinait au dey d'Alger ; c'était une cassette en bois d'acajou, qui contenait un fusil à double canon, et une paire de pistolets garnis en argent, d'un travail superbe. J'y ai vu encore une carabine rayée pour la chasse du sanglier, que la fabrique a destinée à l'Empereur, et qui est d'un travail précieux.

Les habitans de Versailles se bercent toujours de l'espoir que l'Empereur y fixera le lieu de sa résidence, espoir qui a été beaucoup augmenté depuis peu par une course que l'Empereur y a faite il y a quelques semaines; mais il n'est guères présumable, si même ce projet existe, qu'il puisse être réalisé de sitôt ; car, sans compter que les réparations nécessaires pour rendre ce château habitable, s'éleveraient, d'après le devis qui en a été fait, à plus de seize millions de livres, il faut encore pour le moins un à deux ans pour achever toutes les réparations et tous les changemens indispensables, tant dans le château que dans les bâtimens qui en dépendent.

Je ne saurais vous donner des détails circonstanciés de la grande Bibliothèque impériale à Paris, qui se trouve encore dans la rue de la Loi, mais qui sera transférée au Louvre, dès que les arrangemens qu'on y fait à cet égard, seront une fois achevés. Cette Bibliothèque, qui comprend plus de trois cent cinquante mille volumes, contient encore une immense collection de manuscrits, qui, à elle seule, remplit un certain nombre de salons, et dans laquelle on trouve, entre autres, ce que la bibliothèque du Vatican, fameuse par ses manuscrits rares, contenait de plus précieux.

Outre cette collection, la Bibliothèque comprend encore un cabinet de gravures et un cabinet d'antiques, à la tête duquel se trouve le professeur Millin. Ce dernier cabinet, qui a été principalement formé de celui du célèbre Caylus, renferme une collection rare et précieuse en pierres fines taillées et gravées, et en monnaies antiques, connues déjà en partie par l'ouvrage de Montfaucon. On y trouve en outre une rare collection d'antiquités romaines, gothiques et celtiques, des tems les plus reculés; les fameuses tables isiaques, un manuscrit égyptien sur papyrus, l'armure de François Ier, le fauteuil de Dagobert, et l'épée de la religion, à garde d'or, dont le grand-maître de l'ordre de Malte se servait dans les grandes occasions.

J'ai été, ces jours derniers, parcourir le jardin de Tivoli, dans le quartier de la Chaussée d'Antin. Il a environ quarante arpens, et sert de lieu de récréation publique. Le prix d'entrée est modique, et l'on y trouve les jours de fête, bal, feu d'artifice, sauteurs, illuminations, musique, restaurateurs et limonadiers. Tout près du jardin de Tivoli, est placé l'établissement des eaux minérales factices, où l'on peut avoir toutes les eaux minérales quelconques, parfaitement bien imitées, et du même degré de force que les eaux naturelles; vérité qui est prouvée par l'analyse qu'en ont faite plusieurs des meilleurs chimistes. Cet établissement ne contient pas seulement des eaux pour la boisson, mais aussi pour des bains. On y trouve des appartemens à louer, un restaurateur, un médecin attaché à l'inspection de la maison, de même qu'un grand jardin, qui offre aux baigneurs ou aux malades l'agrément de la promenade.

Le 5 du courant, j'ai assisté à une cérémonie intéressante, qui eut lieu au palais des Tuileries. Ce fut la présentation du nouvel ambassadeur turc à l'Empereur, qui était venu expressément en ville pour cet objet. L'ambassadeur, arrivé dans les équipages de l'Empereur, et escorté par un détachement des chasseurs de la garde, fut introduit par le grand-maître des cérémonies, dans la salle d'audience, où Sa Majesté le reçut sur le trône, entouré des princes du sang et des grands dignitaires de l'Etat. Pendant cet intervalle, les personnes de la suite de l'ambassadeur étalèrent, sur une grande table qu'on avait placée dans le premier antichambre qui précède la Salle du Trône, les cadeaux que Sa Hautesse envoyait à l'Empereur. Ces cadeaux consistaient en une aigrette en diamans, en une tabatière en or, avec le chiffre, en brillans, du Grand-Seigneur, en lettres arabes; en des housses de chevaux, en laine; en plusieurs pièces de cachemire, en une garniture en perles, en pastilles du sérail, et en quelques flacons d'eau de rose. L'audience finie, l'ambassadeur turc sortit, et l'ambassade de Hollande, à la tête de laquelle se trouvait l'amiral Verhuel, fut introduite. L'Empereur, en acceptant l'hommage de la couronne, proclama son frère, le prince Louis, roi de Hollande. L'Empereur sortit ensuite pour voir les cadeaux turcs, que l'ambassadeur lui présenta, et il lui répondit: « Dites à votre maître » que je reçois ces cadeaux avec » plaisir, parce que je sais que c'est » de bon cœur qu'il me les offre. » Ce cadeau, dit-on, doit encore être enrichi par le don qu'il va faire à l'Empereur d'un certain nombre d'étalons turcs.

Mais voici la dernière lettre que vous recevrez de moi, parce que mes affaires m'obligent de quitter Paris. Je pars dans deux jours, et desire que mes lettres aient pu vous amuser et vous donner quelques notions sur cette ville intéressante, qui, quoique fréquentée par des étrangers de presque toutes les parties du monde, est si peu connue, et bien souvent si mal jugée.

LETTRE XVIIIe.

Fontainebleau, ce 10 octobre 1807.

Arrivé il y a quelques jours seulement à Paris, où je compte faire un séjour de quelques semaines, je m'empresse, selon vos desirs, de renouer notre correspondance, tant pour vous communiquer les remarques que je serai à même de pouvoir faire, que pour vous instruire de tous les changemens que cette grande capitale a éprouvés depuis l'année dernière.

Ayant entrepris ce voyage pour des affaires, à l'époque orageuse de l'équinoxe, je fus obligé de me soumettre à toutes les épreuves dictées par l'influence de la saison. Je partis le 28 septembre de Strasbourg, par une pluie battante, accompagnée d'un ouragan des plus violens, dont je ne fus débarrassé qu'au moment de mon départ de Vitry-sur-Marne, où un ciel pur et serein effaça le souvenir du spectacle triste et lugubre qu'offraient les débordemens de la Meurthe, de la Moselle et de l'Orne, qui, en inondant la plaine, transformaient des champs fertiles en lacs agités par les vents.

Je ne vous parlerai point de la Lorraine, l'antique berceau de la maison régnante d'Autriche, qui, à la vérité, est un riche magasin de grains, mais dont les sites peu pittoresques, stériles et uniformes, ainsi que les campagnes dénuées d'arbres, fatigueraient l'œil à la longue, si la position de Nanci, placé dans un charmant vallon parsemé de beaux biens de campagne, de même que le site de Bar-sur-Ornain, avec son vieux château, niché au haut d'une montagne escarpée, ne délassaient un peu la vue.

En quittant Bar, on entre en Champagne, le sol natal des vins de ce nom, que la nature y prodigue avec abondance, et qu'on ne boit nulle part meilleur qu'à Epernay, le canton le plus renommé du véritable Hypocrène des poètes, de cet antidote enfin, qui, en rajeunissant la vieillesse, répand un sang plus léger dans les veines du flegmatique, et fait sourire même la sombre mélancolie.

Quoique le sol blanchâtre de la Champagne, ses rochers et ses maisons en grès, ne forment point un coup-d'œil riant, cette province, néanmoins, qui est très-fertile, offre moins de landes et de terres en friche que la Lorraine ; et la position de Vitry, situé sur une hauteur qui domine la campagne voisine ; celle d'Epernay, à mi-côte, au-dessus d'un beau vallon cultivé, ainsi que le site de Château-Thierry, entouré de belles campagnes et de beaux jardins, et bâti sur une éminence, au pied de laquelle coule la Marne, sur laquelle est un large pont en pierre, forment des points de vue dont la variété et la richesse fixent l'attention des voyageurs.

Au-delà de Château-Thierry, on entre dans la ci-devant province de Brie, renommée pour ses bons fromages, dans laquelle on remarque le joli village de Saint-Jean-les-deux-Jumeaux, situé au milieu de vergers et de prairies verdoyantes, au bord de la Marne, qui fournit à la ville de Paris des denrées en tout genre, et sur-tout du charbon et du bois de chauffage.

De Saint-Jean, où commence le chemin pavé qui conduit jusqu'à Paris, on vient à Meaux, le chef-lieu de la province, et l'ancien siége d'un évêché, où l'on remarque l'église cathédrale, d'une architecture gothique très-ancienne. A mesure qu'on avance vers Paris, la route s'anime; et à dater de Claye, l'avant-dernière poste avant Paris, on remarque des deux côtés de la grande route, de belles maisons de campagne et des châteaux, entourés de vastes jardins bien soignés. Tout enfin annonce l'approche d'une grande ville, malgré qu'on ne découvre Paris qu'au sortir du petit village de Pantin, et que la vue de cette grande capitale n'en offre pas même une idée fort avantageuse, parce qu'on n'aperçoit qu'un tas de cheminées difformes, sans autres points de vue saillans que la chaîne des collines arides des carrières de Paris, et la stérile et triste colline de Montmartre.

Mais avant de vous parler de Paris, que je n'oublie point de vous dire que je viens de faire ce voyage dans un moment intéressant, celui de la vendange, à laquelle on était occupé en plein dans toute la Champagne, ce qui prouve une température plus douce que chez nous, aux bords du Rhin, où cette récolte n'a lieu qu'à la fin du mois d'octobre. Les vignes, en Champagne, sont peu hautes, et les échalas, auxquels elles sont négligemment attachées, ne passent guères la hauteur de deux ou trois pieds au-dessus de terre. Les raisins, dont les grains sont fort petits, se recueillent dans des hottes faites en osier, qu'on suspend au bât des chevaux et des ânes, qui les portent au pressoir.

Jamais je n'ai vu de vendanges aussi tristes que celles-ci; un morne silence régnait dans les campagnes, et ces ris, ces jeux, ces fêtes champêtres qui embellissent chez nous cette partie intéressante de la récolte annuelle du campagnard, n'y présidaient point; aussi n'apercevait-on que des femmes, des enfans et des vieillards occupés à cette récolte, qui s'embellira certainement un jour, quand une paix solide et durable ramènera dans leurs foyers cette jeunesse réunie sous les aigles de la victoire, et rendra à la mère inquiète ses fils, à la tendre sœur son frère, et à l'amante éplorée, celui auquel elle doit un jour unir son sort.

Ne m'étant arrêté qu'un jour à Paris, tant pour régler quelques affaires que pour me procurer un passeport pour Fontainebleau, de même qu'un permis de la direction générale des postes, pour obtenir des chevaux, qui, sur toute la route de Paris à Fontainebleau, sont arrêtés pour le service de l'Empereur, je ne saurais vous donner aucun détail sur Paris même, sinon que la ville a un air excessivement vide, ce qui provient de ce qu'une partie des habitans de cette vaste cité est encore à la campagne, que plusieurs des militaires qui y sont établis se trouvent encore à l'armée, que les régimens des gardes impériales ne sont point encore de retour, et qu'enfin la cour se trouve maintenant, avec tout ce qui en dépend, à Fontainebleau, où sont réunis, en ce moment, les étrangers, les bureaux du département des affaires étrangères, de même que tout ce qui est attaché au service de l'Empereur et de l'Impératrice, ainsi que des princes et princesses de la maison impériale.

La route de Paris à Fontainebleau, qui est éloigné d'environ quinze lieues de Paris, est belle, large et pavée ; elle passe par une contrée assez fertile, parsemée de biens de campagne et de jolis châteaux, dont une partie appartenait jadis au défunt prince de Conti, qui avait différentes possessions dans ces environs. On passe près de Corbeil, jolie petite ville, dont les moulins fournissent la farine aux Parisiens, et l'on aperçoit, chemin faisant, dans le lointain, sur une hauteur qui domine la Seine, le château de Saint-Arcise, campagne qui appartenait au duc d'Orléans, le père de Philippe-Egalité, qui la légua à madame de Montesson, à laquelle il était uni par les liens du mariage. A une lieue à-peu-près avant d'arriver à Fontainebleau, l'on entre dans la forêt du même nom, qui est parsemée d'une quantité de rochers d'une couleur grisâtre, faciles à tailler. Ce sont ces rochers qui fournissent le pavé de Paris, dont l'entretien est assez coûteux, à cause des frais de transport.

Fontainebleau était jadis le séjour de chasse de l'ancienne cour de France, qui y passait quelques mois de l'année, pour jouir des plaisirs de la chasse au cerf, dont la forêt fournissait un nombre si considérable, qu'on les voyait souvent en troupe s'avancer jusques vers la chaussée. La ville est assez grande, et pourrait facilement contenir une population de près de trente mille ames; mais ne vivant que de la cour, et manquant de tout autre moyen de subsistance, tant sous le rapport du commerce que sous celui de l'industrie, elle a, comme Versailles, perdu par la révolution ses moyens d'existence, et sa population ne se monte plus qu'à environ neuf à dix mille ames. Cependant l'espoir d'un avenir plus heureux vient de renaître chez les habitans de cette ville, fondé sur le séjour qu'y fait en ce moment la cour impériale. Comme on sait que l'Empereur aime beaucoup la chasse, on se flatte qu'il viendra passer tous les ans la saison de la chasse à Fontainebleau, dont la forêt, qui, pendant le cours de la révolution, a été dégarnie de cerfs, commence à se repeupler, depuis qu'une sage administration forestière a aboli les abus de la liberté de la chasse.

L'Empereur, depuis qu'il est à Fontainebleau, chasse le cerf deux ou trois fois la semaine, accompagné tant des princes de sa maison que des princes étrangers, réunis en ce moment dans cette ville; et il va encore, de tems à autre, à la chasse au tir, autant que ses occupations suivies lui en offrent le loisir.

Fontainebleau jouit en ce moment pour le moins d'une augmentation de population de dix mille ames, qui y est attirée par le séjour que la cour y fait. Différens détachemens de la garde impériale, tant à pied qu'à cheval, de même qu'un détachement de la gendarmerie d'élite, y font le service du palais. L'Empereur a encore à sa suite les grands dignitaires de l'Etat, les ministres des relations extérieures, les ministres secrétaires d'Etat de France et d'Italie, avec leurs bureaux respectifs. Outre cela se trouvent en ce moment à Fontainebleau l'Impératrice, la reine de Hollande, le roi et la reine de Westphalie, le grand-duc et la grande-duchesse de Berg, avec leurs cours, le prince de Borghèse, le prince Primat, le grand-duc de Wurzbourg, le grand-duc et la grande-duchesse héréditaire de Bade ainsi que les princes de Nassau-Weilbourg et de Waldeck, qui tous sont logés au palais, servis par la livrée, et nourris des cuisines de l'Empereur, à l'exception du roi de Westphalie et du grand-duc de Berg, qui ont leur état de maison à eux. Le nombre des lits établis dans l'enceinte du château pour l'usage de la cour, se monte à environ onze cents ; celui des lits fournis par la cour aux personnes qui sont logées par elle, est de plus de quatre mille, et le nombre des différentes tables servies des cuisines de l'Empereur, est de cinquante-deux.

Fontainebleau fourmille en outre d'étrangers : tous les ministres étrangers accrédités auprès de l'Empereur, y ont un pied à terre, sans compter qu'une quantité de princes allemands se trouvent ici, tant pour solliciter que pour régler leurs intérêts, aussi bien que les liens qui les attachent à la grande confédération rhénane, dont l'Empereur est le protecteur, et dont le prince Primat semble solliciter la constitution; objet pour lequel il se trouve depuis quelque tems déjà à Paris, où il a béni le mariage du roi de Westphalie avec la princesse Catherine de Wurtemberg, cérémonie qui fut absolument la même que celle du mariage du grand-duc héréditaire de Bade, qui eut lieu l'année dernière, et dont je vous ai donné la description.

L'Empereur a fait venir à Fontainebleau les acteurs du Théâtre français, qui alternativement représentent des tragédies et des comédies sur le théâtre de la cour, qu'on ne peut fréquenter cependant sans y être invité. Comme il n'y a à Fontainebleau aucun lieu de réunion publique, et comme la cour absorbe presque toute la société, qui s'y trouve réunie, il faut convenir que malgré le nombre considérable d'étrangers, ce séjour est d'un ennui mortel pour tous ceux qui ne sont point présentés à la cour. Le séjour de Fontainebleau est dans ce moment d'une cherté exorbitante. Sans parler des difficultés qu'on éprouve pour trouver à se loger, on est obligé de payer au poids de l'or un appartement fort mesquin; et les habitans, privés depuis une vingtaine d'années du séjour de la cour, mettent ce moment à profit pour rançonner la foule qui y afflue dans les circonstances actuelles : abus qui nécessairement cessera avec le tems, si la cour continue à faire annuellement quelque séjour dans cette ville. J'ai payé pour une misérable petite chambre jusqu'à dix-huit francs par jour, et six francs pour une tasse de thé et quelques raisins. Il n'y a dans ce moment que peu de personnes ici qui tiennent maison, sinon M. de Mareschalchi, qui reçoit tous les soirs auxquels il n'est point obligé de paraître soit à la cour ou au spectacle, de même que le ministre des relations extérieures, M. de Champagny, le grand maréchal du palais, M. Maret, ministre-secrétaire d'état, et madame de la Rochefoucault, dame d'honneur de l'Impératrice, qui donnent toutes les semaines plusieurs dîners priés.

La cour du roi de Westphalie et celle du grand-duc de Berg commencent à s'organiser sur un très-grand pied; ils ont tous les deux un nombre considérable d'aides-de-camp, de chambellans et d'écuyers, dont les uniformes sont aussi riches que brillans; ils ont une livrée somptueuse et un état de maison conforme à leurs dignités; cependant celle du grand-duc de Berg se distingue encore par sa magnificence. Le roi de Westphalie a beaucoup de gentilshommes allemands, devenus ses sujets, qui sont attachés à sa cour, et au nombre de ses aides-de-camp se trouvent les princes héréditaires de Hohenzollern-Hechingen et de Salm. La couleur de l'uniforme des troupes de ligne au service du roi de Westphalie et du grand-duc de Berg, est la couleur blanche, qui, dit-on, doit devenir la couleur de l'uniforme de l'infanterie de ligne en France; mais au lieu des chapeaux qu'elle portait jusqu'ici, on doit, dit-on, lui donner le bonnet à la hongroise, tel que le porte l'infanterie légère. Plusieurs compagnies des chasseurs à pied de la garde impériale ont déjà adopté cette coiffure, ainsi qu'un des régimens de la ville de Paris, qui, s'étant distingué à la dernière guerre, a été nommé premier régiment de ligne, et qui porte déjà l'uniforme blanc.

La formation de la cour impériale est la même encore que l'année dernière, à l'exception que l'Empereur a maintenant, depuis la dernière guerre, toujours un des capitaines de la garde impériale de service auprès de sa personne, sous la dénomination de capitaine d'ordonnance.

L'étiquette de la cour a éprouvé depuis peu quelques changemens : les princes souverains, membres de la confédération rhénane, ont reçu la permission de l'Empereur d'assister à son lever, qui a lieu ordinairement vers les neuf heures du matin; et depuis peu de jours seulement on vient enfin de fixer le rang entre les princes étrangers et les princes grands dignitaires de l'Empire français, lesquels ne cèdent plus le pas qu'aux princes étrangers qui jouissent des honneurs royaux, tandis que les autres princes, qui ne jouissent point de cette distinction, ne roulent qu'avec les grandes charges de la couronne.

Le château de Fontainebleau est, après celui de Versailles, le plus grand et le plus vaste château de la France; il contient quatre cours différentes, est entouré de larges fossés qu'on a transformés en jardins, et porte l'empreinte de l'âge reculé auquel il doit son existence. Ce château a de même éprouvé les effets de la révolution, et fut dévasté en partie; aussi n'est-il point encore tout-à-fait réparé; et tous les bâtimens qui forment le cadre de la cour des ministres, et où anciennement étaient logés les ministres avec leurs bureaux, ne sont point encore habitables. On remarque dans l'intérieur du château la grande galerie de Diane, qui est le théâtre où, d'après les ordres de Christine, reine de Suède, le malheureux Monaldeschi, son écuyer et son favori, fut décapité, ou assassiné, comme d'autres le prétendent; événement qui, en la brouillant avec la cour de France, fit qu'elle quitta peu après ce séjour, pour se rendre à Rome. On remarque encore avec plaisir la galerie de François Ier, le plus brave, le plus loyal et le plus galant des chevaliers français. Cette galerie, qui fait partie de l'appartement que l'Empereur occupe maintenant à Fontainebleau, est toute en boiserie décorée de sculptures analogues au siècle où elle fût construite, et ornée d'écussons qui portent le chiffre de ce bon roi. On y remarque les bustes en marbre de différens hommes célèbres, placés sur des thermes en granit, tels celui de Frédéric II, de Lavoisier, de Mirabeau, de Diderot, et ceux de plusieurs aides-de-camp de l'Empereur, morts au champ d'honneur; des tableaux en gouache, qui représentent toutes les batailles et affaires particulières auxquelles l'Empereur a été présent pendant sa première campagne en Italie.

Dans une des ailes du château, se trouve l'école militaire, composée de six cents élèves, dont la formation et l'organisation méritent d'être citées comme parfaites. Les jeunes gens qui sont élevés dans cette école, portent tous l'uniforme de l'infanterie de ligne; ils sont divisés en compagnies, et se distinguent par la manière dont ils sont exercés et dont ils connaissent le maniement des armes.

Je ne vous donne point de détails sur les jardins de Fontainebleau, qui, arrangés dans l'ancien genre français, n'offrent rien de particulier ni de remarquable ; mais en revanche je vous recommande beaucoup, si jamais vous venez dans ce pays-ci, de faire une course au village de Thomery, à une petite lieue de Fontainebleau, sur les bords de la Seine, dans une position charmante ; d'y manger, chez le père Larpenteur, honnête vigneron, une excellente matelotte de poissons, et de goûter, dans son vignoble, du chasselas-royal, dont la bonté forme la grande réputation des raisins de Fontainebleau.

LETTRE XIX.

Paris, ce 18 octobre 1807.

JE suis, depuis huit jours à-peu-près, de retour à Paris, où, avant-hier, nous avons eu une illumination en honneur du mariage du roi de Westphalie, à l'occasion duquel une fête a eu lieu le même jour à Fontainebleau. La veille fut marquée par un évènement bien important, celui de la déclaration de la guerre de la part de l'Empereur contre le Portugal, nouvelle qui vient de transpirer seulement, et qui a provoqué le départ précipité du marquis de Lima, ministre de Portugal à Paris, qui s'est dirigé hier en toute hâte pour Lisbonne.

Malgré que je n'aye été que quatorze mois absent de Paris, j'y ai trouvé de grands changemens, mais qui ne peuvent surprendre que ceux qui ne connaissent point la célérité incroyable avec laquelle on démolit et reconstruit ici. La place du Carrousel, dont les changemens et agrandissemens projetés ne sont point achevés encore, a cependant changé depuis d'une manière avantageuse; trois guichets de plus ont été ouverts sous la grande galerie du Louvre, pour faciliter la communication avec les quais de la Seine; la grille qui encadre la cour des Tuileries a été prolongée du côté de la rue St.-Nicaise, en abattant les maisons qui se trouvaient de ce côté-là, et enfin l'arc triomphal qui forme la porte d'entrée du milieu de la cour des Tuileries, vient d'être achevé : au-dessus seront placés, attachés à un quadrige, les quatre chevaux de bronze de Venise. La nouvelle rue de Rivoli a de même beaucoup gagné depuis que je ne l'ai vue, et le triste mur qui, en suivant le long de la terrasse des Feuillans, formait un des côtés de la rue, a disparu, et fait place à une grille superbe, qui encadre de ce côté-ci le jardin des Tuileries, jusques vers la place de la Concorde. Sur la place Vendôme, où jadis devait s'élever un monument à la gloire des rois, on a érigé une superbe colonne, à l'imitation de la colonne de Trajan à Rome, dont la maçonnerie est déjà entièrement achevée, et qui sera revêtue en lames d'airain, pour y inscrire les noms des braves qui se sont distingués dans les dernières guerres, tandis qu'au haut de la colonne sera placé la statue pédestre de l'Empereur. En face de cette colonne, et vis-à-vis du jardin des Tuileries, on a ouvert, en démolissant l'ancien couvent des Capucines, une nouvelle rue tirée au cordeau, qui mène en ligne droite sur les boulevards de la Madeleine, et qui, achevée une fois, sera d'un effet admirable. Le quai Napoléon, du côté du faubourg St.-Germain, entre le pont des Tuileries et celui de la Concorde, est enfin achevé; il est maçonné en pierres de taille, garni d'un large trottoir, et répond à la magnificence de celui dont il porte le nom. On est occupé dans ce moment à la continuation de ce quai au-delà du pont de la Concorde jusques vers l'hôtel des Invalides. Il est impossible de vous dire combien le gouvernement fait de frais pour embellir la ville de Paris, dont différens quartiers, dans quelques années d'ici, ne seront plus reconnaissables.

Depuis l'année dernière, les spectacles de Paris ont été réduits à huit, savoir quatre grands et quatre petits; dans le nombre des premiers, sont comptés le Théâtre français, le grand Opéra, celui de l'Opéra-Comique ou théâtre Feydeau, et le théâtre de l'Impératrice. Dans le nombre des seconds, sont classés le Vaudeville, le théâtre des Variétés, ci-devant Montansier, celui des Jeunes Elèves, et l'Ambigu-Comique. Le théâtre des

Variétés a été délogé du Palais-Royal, et se trouve maintenant sur les boulevards, près du passage du Panorama. La société qui fréquente habituellement ce spectacle est encore la même que l'année dernière, mais la salle, plus jolie que celle du Palais-Royal, est arrangée avec goût et élégance. Ce théâtre a perdu depuis peu Tiercelin, un des meilleurs acteurs; et si Brunet, qui seul peut encore le soutenir, venait à manquer, il tomberait infailliblement, tant parce que le reste des acteurs est médiocre, que parce que la majeure partie des pièces qu'on y joue ne sont faites que pour faire briller le talent de Brunet, que j'ai vu dernièrement dans une nouvelle petite pièce nommée *le Tocsin*, jouer dans la grande perfection le rôle de M. Poulet, caricature d'un petit maître des faubourgs de Paris.

J'ai été, ces jours-ci, au théâtre de l'Opéra-Comique, où l'on donna *ma tante Aurore*, qui manqua absolument son effet, parce que tous les acteurs ont joué à faux, en chargeant leurs rôles; cette pièce fut suivie d'un joli petit opéra, *M. Deschalumeaux*, qui offre les ridicules d'un gentillâtre provincial en contraste avec le ton de la grande société.

Je fus hier à l'hôtel des Invalides, dont je vous ai parlé en détail dans mes lettres précédentes, et j'ai revu avec un nouveau plaisir le tableau du passage du St.-Bernard par l'Empereur; passage que Napoléon, Charlemagne, et ce fameux héros de l'antiquité, Annibal, ont seuls franchis à la tête de leurs armées, qui, attirées par l'appas du lucre et par l'aspect des riches et riantes campagnes de la fertile Italie, ont vaincu les obstacles les plus rudes pour se mettre en possession et pour jouir des bienfaits de l'abondance.

Dans le dôme des Invalides, vis-à-vis du mausolée de Turenne, l'Empereur a fait ériger un monument à Vauban, le plus fameux et le plus distingué des ingénieurs français, le créateur de presque toutes les forteresses dont sont hérissées les frontières de la France du côté de l'Allemagne. Ce monument représente la face d'une pyramide égyptienne en marbre gris, au pied de laquelle se trouve un sarcophage de la même couleur et matière, avec une inscription en lettres d'or sur une plaque en marbre noir, qui contient les noms de Vauban, celui du fondateur, et la date de l'année. Une colonne isolée en marbre noir, est placée devant le sarcophage: elle est surmontée d'une urne en marbre blanc, qui contient le cœur de Vauban. Le socle sur lequel la colonne repose, est décoré d'un trophée d'armes, auquel sont suspendus deux écussons liés l'un à l'autre, dont l'un contient le buste de Vauban en bas-relief. A l'entrée du dôme, dans l'église, se trouvent suspendus au haut de la voûte et au-dessus du maître-autel, une épée, une canne, et une écharpe du plus grand des rois, de Frédéric II, roi de Prusse, dont les talens éminens en tout genre lui ont acquis le suffrage de ses contemporains et l'admiration de la postérité. Vis-à-vis de ce monument, on voit, sur la tribune au-dessous des orgues, des trophées formés des drapeaux et étendards pris sur les Prussiens et les Russes, dans la dernière guerre; ainsi se trouvent réunis dans la même enceinte les souvenirs du moment le plus florissant et ceux de la décadence d'une puissante monarchie, qui, dans une espace de soixante ans à-peu-près, monta au plus haut degré de puissance, pour retomber ensuite dans le néant.

J'ai monté cette fois-ci le dôme des Invalides, jusqu'à la première galerie, à la hauteur de 269 marches, d'où on découvre une vue superbe sur toute la ville de Paris, de même que sur tous les environs de cette vaste cité. Avant de sortir de l'hôtel des Invalides, j'ai passé aux cuisines, où l'on était occupé à préparer le souper pour trois mille hommes. Il est vraiment curieux de voir les chaudrons et les marmites immenses qui sont établis dans cette cuisine, de même que les provisions en viandes et légumes qui y sont entassées.

Les bains de Vigier, qui, lors de mon dernier séjour à Paris, se trouvaient à la droite du pont des Tuileries, sont maintenant à la gauche de ce pont. Ces bains, établis sur des bateaux, sont arrangés avec goût et élégance, et sont très-fréquentés. A cette occasion, je viens de faire la découverte d'une nouvelle branche d'industrie, qui fait exister à Paris quelques femmes, aux soins desquelles les élégantes se confient, et qui, en assistant au bain d'une belle, ont un talent particulier pour décrasser et nétoyer la peau, de même que pour arranger les ongles aux pieds et aux mains, de manière qu'on sort presque régénéré d'une telle séance. Ce métier ne laisse pas d'être assez lucratif, et ne rapporte guères moins que celui de M.me Francisque, dont les cosmétiques jouissent d'une grande réputation. Ainsi le besoin d'exister fait naître l'industrie, qui trouve toujours un vaste champ dans une ville aussi grande que Paris, et qui chaque jour découvre, dans la faiblesse humaine, de nouveaux moyens pour vivre aux dépens de la crédulité des autres.

Le Musée Napoléon, qui dans ce moment-ci est ouvert au public, ne désemplit point; on y va pour voir l'exposition des objets de l'art qu'on a conquis dans les deux dernières guerres, tant en Autriche qu'en Prusse, et dans le nord de l'Allemagne. Je n'ai pu voir cette fois-ci la partie la plus intéressante de la grande galerie, celle destinée aux tableaux de l'école italienne, dont l'entrée était fermée par une cloison en menuiserie, par la raison qu'on continue en ce moment le travail commencé il y a deux ans, pour éclairer la galerie par le haut. On s'occupe maintenant à agrandir l'emplacement du Musée, dont les salles ne suffisent pas pour contenir l'augmentation considérable en tableaux et autres objets de l'art, que le Musée a reçus depuis la dernière guerre, et qu'on a tirés de la galerie de Berlin, de celle de Salzdalum et des Musées de Cassel et de Brunswick. Ayant visité ces différens Musées, j'ai retrouvé dans cette exposition nombre d'anciennes connaissances, et entre autres cette porcelaine soi-disant de Raphaël, peinte probablement par ses disciples, et peut-être même par les élèves de ses disciples, que l'on conservait avec tant de soin à Cassel et à Brunswick. On remarque parmi les objets curieux qu'on a exposés, plusieurs armures tirées de l'arsenal de Vienne, telles que celles de l'intrépide Godefroi de Bouillon et de l'empereur Ferdinand III, dont l'éclat ne prouve guères l'antiquité. Quand une fois le public aura satisfait sa curiosité, il faut espérer qu'alors tous les objets d'art et de curiosité réunis dans cette exposition, seront partagés dans les différens Musées auxquels ils appartiennent ; car en ce moment tout est encombré pêle-mêle et sans le moindre ordre.

La restauration du palais du Louvre, qui est destiné par l'Empereur à devenir un jour le palais des arts et des sciences, est beaucoup avancée depuis l'année dernière ; la superbe colonnade du Louvre, ce monument digne des plus beaux tems de l'architecture, est presque tout-à-fait restaurée, et reparaît tout à neuf. Les changemens dans l'intérieur du palais avancent de même rapidement, et on espère pouvoir y placer l'année prochaine la bibliothèque impériale.

La galerie de Diane, dans le palais des Tuileries, est ornée en ce moment des portraits des princes grands dignitaires de l'Empire, des ministres et des grandes charges de la cour, chacun dans son costume de cérémonies. On y remarque en outre un tableau en Gobelins qui représente l'enlèvement de Déjanire par Nessus, copie du tableau original du Guide, qui se trouve à Saint-Cloud. Le portrait du dernier Empereur turc destitué, de même que celui de l'Empereur de Perse, sont aussi suspendus dans cet appartement. Ce dernier, qui est peint à Ispahan, par un peintre persan, est représenté assis sur son trône, et porte l'empreinte d'un grand caractère de vérité et d'une ressemblance parfaite : le tableau est fort clair, et n'a presque point d'ombre, et la physionomie de l'Empereur persan a une expression de finesse qui est agréable.

Dans les grands appartemens de

l'Empereur on remarque, dans la premier antichambre qui devance la salle du trône, une déesse de la paix de grandeur naturelle, toute en argent massif, décorée des signes de l'abondance, en vermeil. Cette statue, dont la ville de Paris a fait hommage à l'Empereur, est placée sur un socle en marbre. Dans le second antichambre on trouve un vase superbe, en tôle vernie, orné de figures égyptiennes, d'un travail et d'un fini précieux.

Les petits appartemens de l'Impératrice, au château des Tuileries, n'offrent rien de remarquable, et ne sauraient être mis en ligne de comparaison avec ceux de Saint-Cloud; il n'y a qu'un petit cabinet en glaces, qui est assez joli, dans lequel on trouve un portrait ressemblant de la vice-reine d'Italie.

J'ai été, il y a quelques jours, au Rocher de Cancalle, rue Montorgueil, le rendez-vous de tous les gourmets de la capitale ; on y fait une chère excellente, et l'on y trouve les meilleures huitres et les poissons de mer les plus recherchés et les plus frais de tout Paris. La carte géographique de tous les lieux remarquables à Paris pour la bonne chère, enrichie de dissertations judicieuses, se trouve dans l'Almanach des gourmands, qui paraît depuis quelque tems tous les ans, toujours avec un nouveau succès.

J'ai vu ces jours-ci une représentation d'*Aline, reine de Golconde*, au théâtre Feydeau, rôle qui fut rempli par Mme Belmont, la même qui, il y a un an encore, faisait les délices du Vaudeville. Le motif qui engagea la direction de Feydeau d'attacher Mme Belmont à leur théâtre, était l'espoir que le départ de cette charmante actrice du Vaudeville, entraînerait la chute de ce petit spectacle, qui néanmoins a eu le bonheur de ne pas succomber dans cette lutte inégale. Mme Belmont, qui, quoiqu'elle ait passé l'âge de la première jeunesse, est toujours belle encore, n'a pas bien calculé ses intérêts en quittant le Vaudeville, dont le genre de musique convenait infiniment plus à sa voix, qui n'est rien moins qu'étendue, que celui des opéras qu'on représente sur ce théâtre ; et tandis qu'au Vaudeville elle excellait par la bonté de son jeu, elle se trouve au théâtre Feydeau au niveau de différentes actrices, qui même la surpassent dans les rôles qui demandent de la dignité et de la noblesse. Mme Saint-Aubin, qui, lors de mon dernier séjour à Paris, avait quitté la scène, vient d'y reparaître, et joue maintenant avec autant de talent et de grâces les rôles de soubrettes, qu'elle jouait jadis ceux de jeunes premières, que son âge ne lui permet plus de remplir. Ce spectacle, qui ne possède en majeure partie que des acteurs distingués, est sans contredit un des meilleurs et des plus agréables de Paris. On vient de donner à Feydeau un nouvel opéra, dont la musique est charmante : c'est *Lina, ou l'Enfant du mystère*, qui offre beaucoup d'intérêt. Mme Paul Michu rendit avec une expression touchante, et dans une grande perfection, le rôle de Lina, et Gavaudan joua avec beaucoup de noblesse le rôle de son époux. Cette pièce fut précédée par l'opéra de *Félix*, qui, quoique très-ancien, conserve toujours le même intérêt, tant sous le rapport de la musique, que sous celui du sujet.

LETTRE XXe.

Paris, ce 23 octobre 1807.

LE théâtre de Picard, actuellement théâtre de l'Impératrice, conserve toujours la réputation qu'il s'est acquise, depuis que Picard l'aîné en a pris la direction. Le bon choix des pièces qu'on y joue, et les bons acteurs qui y sont attachés, attirent toujours un monde étonnant. On y donna ces jours derniers deux pièces charmantes, *la petite Ville*, et *le Volage*, qui furent jouées dans la plus grande perfection, et dans lesquelles Clozel et Vigny, les deux principaux acteurs de ce théâtre, excellèrent.

Le Vaudeville, qui était sans contredit le plus joli des petits spectacles de Paris, est beaucoup déchu, depuis que M.me Belmont l'a quitté. J'y ai vu débuter M.lle Severin, une jeune et jolie actrice, dans le rôle de Fanchon ; mais malgré tous les soins qu'elle donna à ce rôle si intéressant, elle ne pouvait effacer le souvenir de Mme Belmont, dont ce rôle était le triomphe, et qui le jouait dans un degré de perfection auquel aucune autre actrice ne saura guères atteindre. Il serait dommage que ce petit spectacle, qui, par la raison qu'il ne ne peut exister qu'en France, devient par là même spectacle national, vînt à succomber ; c'est pourtant ce qui arrivera, si les directeurs de ce théâtre ne songent sérieusement à le remonter, par un meilleur choix d'acteurs.

Le Panthéon français, dont je vous ai parlé dans mes lettres précédentes, n'est pas encore achevé ; et il paraît que si l'on n'y travaille pas avec plus d'activité, il ne sera terminé de longtems. Les cendres de Voltaire et de Rousseau sont toujours déposées dans les caveaux du Panthéon, où reposent maintenant les restes de plusieurs sénateurs, de même que ceux de Portalis, l'ancien ministre des cultes.

La manufacture des glaces, au faubourg St.-Antoine, est un établissement curieux à voir. Elle doit son existence au fameux Colbert, et est administrée maintenant par une compagnie, qui offre ou vend même des actions, et qui en fait l'objet d'une entreprise particulière. Les glaces sont coulées à St.-Gobin, dans la ci-devant Picardie, et transportées de là toutes brutes à Paris, où on les débrutit, polit, et coupe. Chacune de ces opérations se fait dans un atelier à part, et il est intéressant de suivre les différentes gradations de ces travaux. Le magasin des glaces est très-rempli en ce moment, et en réunit certainement pour quelques millions. Il y en a qui sont très-belles : on m'a montré entre autres, une glace qui, sur neuf pieds huit pouces de hauteur, a six pieds et quelques pouces de largeur. Quoiqu'à Pétersbourg, dans la manufacture impériale des glaces, on en coule de beaucoup plus hautes et de plus larges qu'à Paris, on n'y est pas parvenu encore à leur donner cette clarté et cette blancheur qu'ont les glaces de Paris, ce qui fait que toutes les glaces russes ont une teinte sombre et noirâtre. Il serait intéressant d'examiner si ce défaut provient de la matière dont on coule les glaces, ou d'une manière différente de les polir ou de les étamer.

Au bout du faubourg St.-Antoine se trouve la barrière du Trône, formée par deux grandes et hautes colonnes, qui sont percées chacune par un escalier, au moyen duquel on peut monter jusqu'au haut. Près de cette barrière, sur la place qui la devance, se trouvait, vers la fin du règne de Robespierre, la guillotine établie en permanence, dont chaque coup de hache retentissait aux oreilles des malheureuses victimes de la révolution, qu'on avait enfermées dans l'abbaye de Picpus, qui se trouvait près de là, mais qui a été rasée depuis. Ce souvenir journalier de la mort, qui familiarisait les malheureux prisonniers avec l'idée du sort qui les attendait, la certitude de leur innocence et une conscience pure, leur donnaient ce courage et cette résignation mâle avec laquelle la plupart d'eux montèrent sur l'échafaud.

Au-delà de la barrière du Trône, se trouve, à une petite lieue à-peu-près de Paris, le sombre et triste château de Vincennes, flanqué de grandes tours carrées, et entouré de fossés. Ce château, dont l'existence date de l'année 1270, fut, dans les anciens tems, à différentes époques, le lieu de résidence de plusieurs rois de France, et la plus haute tour, appelée le donjon, servait depuis long-tems de prison d'état, et formait le pendant de la Bastille. Depuis la révolution, le château de Vincennes a resté, de même que le Temple, prison d'état. Le bois de Vincennes, fameux pour la chasse, a quatorze cents arpens d'étendue, et dans le bourg de Vincennes, près le donjon du château, se trouve une assez belle manufacture de porcelaines.

J'ai été ces jours-ci au palais du Sénat-Conservateur, pour voir la salle et les appartemens où le Sénat se réunit et tient ses séances. Cette salle, excepté qu'elle est plus grande, a absolument la même forme que celle du Corps-législatif, dont je vous ai parlé précédemment. Au milieu du diamètre sur lequel repose le demi-cercle, il y a un enfoncement en demi-lune, où sur une estrade est placé le trône de l'Empereur, auquel conduit un escalier en marbre de six à sept degrés, dont la rampe est en bois d'érable. Le trône est d'une forme élégante. Une coupole en velours cramoisi, ornée de dorures, et portée par six caryatides posées sur des piédestaux en marbre, plane au-dessus du fauteuil impérial, qui est recouvert de velours cramoisi, parsemé d'abeilles en or. Une marche plus bas que le fauteuil de l'Empereur, se trouvent le siége et la table du président. Les murs de la salle, qui, comme celle du Corps-législatif, est éclairée par le haut, sont en marbre stuc, tandis que le socle et le parquet sont en marbre véritable. Les sénateurs sont placés vis-à-vis du trône, sur un amphithéâtre, au milieu duquel, en face du fauteuil de l'Empereur, se trouve la place désignée pour les orateurs. Au-dessus de cette place, il y a une grande plaque en albâtre, incrustée dans le mur, sur laquelle est inscrit, en lettres d'or, le discours que l'Empereur a tenu après la guerre de 1805 contre l'Autriche et la Russie, lorsqu'il fit au sénat le cadeau d'un certain nombre de drapeaux pris sur les ennemis. Ces drapeaux sont divisés en quatre trophées, et suspendus au mur qui encadre l'amphithéâtre.

Des deux côtés de l'enfoncement où le trône se trouve, sont placées des statues d'hommes célèbres de l'antiquité.

La salle de réunion qui précède celle des séances, est grande et richement décorée. On y remarque une très-belle glace et deux grands tableaux, dont l'un représente l'Empereur dans le costume de grande cérémonie. Ce portrait, qui est très-ressemblant, est peint par Lefebvre ; et l'autre tableau, qui est une allégorie du couronnement de l'Empereur, est peint par Regnault. Cette salle est devancée par celles des huissiers et des messagers d'état. On remarque dans la première une belle statue colossale d'Hercule, en marbre, par Pujet. Le grand escalier du Luxembourg, qui conduit à ces appartemens, est de toute beauté, et orné des statues des hommes célèbres de la république française, telles celles de Barnave, Mirabeau, Kléber et autres. Il est à regretter seulement que cet escalier, pour mieux répondre à la magnificence du reste, ne soit pas en marbre.

On va donner aujourd'hui un nouvel opéra au Conservatoire impérial de musique, nommé *le Triomphe de Trajan*, mis en musique par Lesueur. On dit que la magnificence des costumes et des décorations, qui doivent avoir coûté plus de deux cent mille francs, surpasse tout ce que l'on a vu de plus beau en ce genre. Dans peu on donnera une première représentation de *la Vestale*, grand opéra, mis en musique par Spontini. Cet aimable artiste, qui était auparavant placé à Naples, dans l'orchestre de la cour, est attaché maintenant à l'orchestre particulier de l'Empereur.

Dans le nombre des boutiques de Paris, je dois vous citer celle du *Père de famille*, où l'on trouve le magasin le plus complet de tous les ustensiles nécessaires aux ouvrages quelconques de femme, de même que tous les dessins de broderie ou de tapisserie qu'on peut desirer. Un grand agrément, c'est qu'en payant les ustensiles et les matériaux dont on a besoin pour tel ou tel ouvrage, on vous enseigne gratuitement l'ouvrage que vous desirez apprendre, soit en broderie, soit en tapisserie.

J'ai vu, il y a quelques jours, une collection de tableaux très-intéressante, mais peu connue encore, qui appartient à M. Crawfort, riche anglais, qui, depuis nombre d'années déjà, est établi à Paris, et qui y possède un des plus beaux hôtels, celui de Monaco, rue de Varennes. Cette collection de tableaux est surtout intéressante sous le rapport historique, et comprend les portraits de toute la cour de Louis XIII et de Louis XIV, de même que des personnes marquantes de cette époque. On y distingue sur-tout le portrait de Mme de Montespan, et différens portraits de Mme de Maintenon, encore à la fleur et sur le retour de l'âge, qui portent tous un grand caractère de vérité.

Un des beaux hôtels de Paris, est celui de la Légion d'honneur, dans la rue de Lille, de même que celui du vice-roi d'Italie, dans la même rue, dont l'ameublement, qui a coûté au-delà d'un million huit cent mille francs, réunit à la fois ce que le bon goût joint à la richesse ont pu produire de plus beau et de plus recherché.

Je trouve dans ce moment la réalité d'une chose que je n'ai pas éprouvée lors de mon dernier séjour à Paris; c'est qu'effectivement le climat de Paris est infiniment tempéré et agréable, au point que dans ce moment-ci où la saison est déjà fort avancée, les nuits sont encore assez chaudes et assez belles pour pouvoir se passer de toutes les précautions dont ordinairement on est obligé, chez nous autres habitans des bords du Rhin, de se pourvoir, pour se préserver des vents froids et pénétrans de l'automne. Les arbres ont encore conservé la fraîcheur de l'été, et la verdure n'est point encore ternie : il fait si chaud, qu'il y a deux jours que nous avons eu un orage effroyable. Il semble, en général, que le climat de Paris est assez sain, car il y a peu d'endroits où on entend moins parler de maladies épidémiques, et où l'on rencontre tant de vieilles gens qu'à Paris, dont le séjour est sans contredit infiniment agréable, puisqu'on y trouve toutes les ressources possibles, de même que l'agrément de vivre absolument indépendant, ignoré, si l'on veut, de tout le monde, ou répandu dans la société quand et autant qu'on veut.

Mais adieu : je vous quitte, pour faire mes paquets, comptant partir demain de Paris, pour vous rejoindre sous peu.

FIN.

TABLE
DES MATIÈRES.

LETTRE Ire. *Départ de Strasbourg, Phalsbourg, Luneville, Nancy, Bar, arrivée à Paris.* page 1

LETTRE IIe. *Cris et foule dans les rues de Paris, arrosoirs, porteurs d'eau, perfection de la danse, luxe de l'ameublement, grandes maisons.* 8

LETTRE IIIe. *Genre de vie à Paris, modes, élégance des Parisiennes, uniformes civils, équipages de maître, carrosses de remise, fiacres, cabriolets.* 20

LETTRE IVe. *Palais-Royal, galeries, boutiques, restaurateurs, cafés, caveaux, maisons de jeux, femmes publiques, filoux, enseignes, colporteurs.* 35

Lettre V^e. *Théâtre Montansier, Théâtre français, Fitz-James.* 63

Lettre VIe. *La Cour impériale, grande parade, cercle du lundi aux Tuileries, château des Tuileries, place du Carrousel.* 85

Lettre VIIe. *Printems à Paris, quai Bonaparte, rue Rivoli, pont des arts, quai du Louvre, Pont-Neuf, place Désaix, Cité, île Saint-Louis et Louviers, quai de la Mégisserie, pont au Change, théâtre Feydeau, MM. de Mareschalchi, Chérubini.* 111

Lettre VIIIe. *Le Louvre, sa restauration, galerie des antiques, journées de Longchamp, Champs-Elysées, place de la Concorde, église et cimetière de la Madeleine, théâtre du Vaudeville, jardin des Tuileries, Véri.* 137

Lettre IXe. *Cabinet des médailles, institut des Sourds et Muets, institut des Aveugles, par Hauy,*

Quinze-Vingts, grand Opéra, ballets, Panthéon, église de Notre-Dame, la Morgue. 173

Lettre X.e Place de Grève, Hôtel-de-ville, palais de Justice, Sainte-Chapelle, mariage civil et bénédiction du mariage du prince électoral de Bade avec la princesse Stéphanie-Napoléon, illumination, marchés de Paris, filles, police, hôtel des Invalides. 201

Lettre XI.e Palais du Corps-législatif, le Luxembourg, galerie de Rubens, David, galerie de Le Sueur et de Vernet, bois de Boulogne, les boulevards, Frascati, jardin des Capucines, Panoramas, le Temple, portes Saint-Denis et Saint-Martin, théâtre Louvois, opéra Buffa. 232

Lettre XII.e Fête aux Tuileries, Musée des monumens français, Montgolfier, Musée des arts et métiers, pots-de-chambre, pompiers, pompe à feu de Chaillot. 259

Lettre XIIIe. *Eglise de Saint-Sulpice, hospice des Orphelins, Malmaison, théâtre de la Porte Saint-Martin et de la Cité, Observatoire, carrières de Paris, les Templiers, réverbères.* 279

Lettre XIVe. *Tartufe aux Français, jardin des Plantes, Bicêtre, Léonce, spectacle de Pierre.* 300

Lettre XVe. *Salpétrière, pont d'Austerlitz, quais de la Seine, théâtre des jeunes Troubadours, Saint-Cloud, séjour de la Cour à Saint-Cloud, Sèvres.* 319

Lettre XVIe. *Saint-Denis, vallée de Montmorency, Saint-Leu, galerie des tableaux du Musée, le cardinal Mauri, Calvaire, Voltaire chez Ninon.* 344

Lettre XVIIe. *Versailles, Bibliothèque impériale, Tivoli, manufacture d'eaux minérales, ambassadeur turc, départ de Paris.* 376

Lettre XVIIIe. *Retour à Paris;*

la Lorraine, la Champagne, vendanges, séjour de l'Empereur à Fontainebleau, en octobre 1807, Thomery. 397

LETTRE XIX. Illumination à Paris, place du Carrousel, rue de Rivoli, place Vendôme, quai Napoléon, spectacles, hôtel des Invalides, bains de Vigier, exposition au Musée Napoléon, le Louvre, les Tuileries, le Rocher de Cancalle, théâtre Feydeau. 417

LETTRE XXe. Théâtre Picard, Vaudeville, Panthéon, manufacture des glaces, barrière du Trône, château de Vincennes, Luxembourg, triomphe de Trajan, Spontini, le Père de Famille, boutique, hôtel Monaco, celui du vice-roi d'Italie, climat de Paris. 434

FIN DE LA TABLE DES MATIÈRES.

ERRATA.

Page 11, ligne 22, *postés*, lisez *posés*.
Page 13, ligne 6, *sceaux*, lisez *seaux*.
Page 42, ligne 20, *très-rarement*, lisez *très-souvent*.
Page 45, ligne 17, *au*, lisez *de ce*.
Page 49, ligne 23, *le*, lisez *la*.
Page 53, ligne 3, , voyez ;
Page 69, ligne 24, *actrices*, lisez *auteurs*.
Page 78, ligne 17, *tandis*, lisez *en outre*.
Page 119, ligne 9, *chaise*, lisez *chaire*.
Page 120, ligne 3, *étonnant*, lisez *étonnans*.
Page 123, ligne 15, *pus*, lisez *puis*.
Page 125, ligne 15, *de noms*, lisez *des noms*.
Page 127, ligne 7, *nous*, lisez *vous*.
Page 149, ligne 13, *ville*, lisez *villa*.
Page 156, ligne 11, *d'Huzo*, lisez *d'Anzo*.
Page 156, ligne 12, *d'Actium*, lisez *d'Antium*.
Page 169, ligne 7, *fait*, lisez *arrangé*.
Page 173, ligne 4, *Venant*, lisez *Vivant*.
Page 188, ligne 10, *le décor*, lisez *les décorations*.
Page 191, ligne 16, *période*, lisez *degré*.
Page 199, ligne 15, *Morgue*, lisez *Morne*.
Page 200, ligne 7, *Morgue*, lisez *Morne*.
Page 214, ligne 11, *qu'en*, lisez *car*.
Page 230, ligne 8, *Firckheim*, lisez *Türckheim*.
Page 231, ligne 5, *de gloire*, lisez *de la gloire*.

www.ingramcontent.com/pod-product-compliance
Lightning Source LLC
Chambersburg PA
CBHW070532230426
43665CB00014B/1657